原著：金問泗　主編：蔡登山

從巴黎和會到國聯

外交官金問泗回憶錄

【導讀】

金問泗和他的外交回憶錄

蔡登山

在二〇一六年五月，《金問泗日記》（上冊）由中研院近代史研究所出版，而《金問泗日記》（下冊）也在二〇一七年三月出版。據當時即將卸任的中華民國駐美代表沈呂巡大使說，早在二〇〇一年，他任駐美副代表，經名記者傅建中先生介紹結識金問泗哲嗣金咸彬夫婦，並得以見到金問泗親筆日記，鑑於其史料價值，當即建議應開放給後人研究。後因不久他調日內瓦而駐歐十載，至二〇一四年，沈呂巡重返華府，金咸彬遂將父親全部日記二十餘本請托沈呂巡處置，僅盼予以出版傳世。沈呂巡遂聯絡中央研究院近代史研究所張力教授而得以出版。

金問泗對現在年輕一輩的讀者鮮少人知道了，其實他是民國時期重要的職業外交家和關稅專家。他追隨顧維鈞先生，為其得力之助手。他隨同顧維鈞出席巴黎和會，將有關中日關係及山東問題的資料條分縷析，製成卡片，當顧維鈞在會場發言及與日本代表牧野駁辯時，金問泗即檢出有關卡片，作代表發言之根據，並自記會議紀錄，至為詳盡。他由祕書、專門委員、副代表、代表、公使而大使；在外交部由科員、科長、司長而次長，科班出身，為職業外交官之楷模。他先後參加了巴黎和會、華盛頓會議及國際聯盟等多次會議，也曾先後出任中國駐歐洲五國（荷蘭、比利時、挪威、捷克、波蘭）大使，最高紀錄一人身兼與五國的外交事務。一九四六年底至一九四八年間，他作為首席代表率團參加了創建關貿總協定的一系列會議，為中國加入關貿總協定（GATT）作出了重要貢獻。這關貿總協定，也就是今天世貿組織（WTO）的前身。其他有關金問泗的生平大事，我根據他的著作《從巴黎和會到國聯》和《外交工作的回憶》等相關資料，整理成〈金問泗事略年表〉，附在書後，在此就不再贅述。

金問泗的英文著作有多種，如《中國與巴黎和會》（一九六一年出版）、《中國與華盛頓會議》（一九六三年出版）、《中國與國際聯盟》（一九六五年出版），此三書收入由薛光前主編的《美國聖若望大學亞洲研究叢書》。這些都是金問泗親見親歷親聞的第一手資料，也可說是中國外交史的「紅皮書」。而他在退休後撰寫的中文著作《從巴黎和會到國聯》和《外交工作的回憶》，也分別在一九六七年和一九六八年出版。而這兩本書，不失為研究上世紀第一、二次世界大戰期間史事的重要參考與印證資料。

其中《從巴黎和會到國聯》一書之內容，就如金問泗在該書自序所說的：「原來十九及二十世紀中日外交，萬分繁複，然試竟解決兩國爭端的國際會議，只有巴黎和會、華盛頓會議、以及日內瓦國聯（包括比京九國公約會議）三次，故我專就該三項會議情形，扼要記載，以供研究及編寫全部中日外交史者之參考。」

而其子金咸彬則更進一步談到其中艱辛的過程說：「父親和中國代表團從巴黎和會之中，深刻體會到當時中國處境之艱難；中國所提出的要求因為國家分裂而受挫，其中過程令人既氣餒又憤慨。當時中國代表有來自北京政府，也有成員代表所謂廣州政府，各有不同的提案和盤算。北京政府的代表雖然有美國總統威爾遜（Woodrow）支持，但是法國的克列孟梭（Georges Clemenceau）和英國勞合・喬治（David Lloyd George）因為兩國與日本密商協議，處處掣肘，反對中國要求，特別是歸還山東的膠州和青島一案，以致中國代表拒絕在《凡爾賽和約》上簽字。不過，中國加入了國際聯盟，父親留在歐洲（多數時間在倫敦）參與一些籌備工作，為國際聯盟在日內瓦的建立有些貢獻。一九二一年父親返回美國參加華盛頓會議，該項會議決將青島歸還中國。」

另外《從巴黎和會到國聯》一書也呈現了中華民國外交一定程度上的「以少勝多，以弱搏強」。沈呂巡先生就說：「如『九一八事變』後，雖丟掉東北，『滿洲國』不旋踵成立，軍事上是大失敗了，但顧大使、金大使等我國外交前輩在國際聯盟控訴日本侵略東北，獲國聯派遣李頓調查團（Lytton Commission）前往實地調查，其結果報告九成內容均對中華民國有利，並獲國聯會員國幾近無異議通過（四十二票贊成，僅日本一票反對，暹羅（泰國）一票棄權），日本乃憤而退出國聯。以中華民國當時國力貧弱，內外交迫，能獲國聯大會如此之外交勝利，顯見我國外交人員的優秀及努力，殊為難能可貴。」

《外交工作的回憶》是《從巴黎和會到國聯》的續寫，書中記述了若干對外交涉的重大史實，如英國兵艦在萬縣蓄意用武與存心開釁、中日間之問題、日本偷襲珍珠港以前美日兩國間交涉之緊張微妙狀況、一九四三年美英蘇三國與中國在莫斯科共同簽訂戰後設立國際機構宣言以確定聯合國安理會中常任理事國地位及英蘇兩國在此過程中設法阻撓我國參加簽字的經過等，也寫了一段段小插曲，如他代表蔣介石接受比利時自由大學榮譽博士學位、幾次覲見荷蘭女王的印象等；同時也見證了戰時中國外交的艱難和外交官工作的艱辛。民國三十三年（一九四四）六月二十八日，他在倫敦與荷蘭外長正談判交涉之際，防空警報驟響，兩人只得中斷談判，盡速避難，警報解除後入室續談，至警報又起又躲，如是三次，出門欲上車，竟見飛彈飛過，在今天恐難以想像。

除此而外，金問泗早年還編輯出版《顧維鈞外交文牘選存》，亦是非常重要的外交史料。顧維鈞常說：「前駐美公使館學習員出身的兩人：金問泗與徐謨後來都成為傑出的外交官。徐長於法律，金長於應付國際會議。晚輩如金、徐二人者不可多見。」金問泗整整三十年的外交生涯，見證了一位外交人才從初出茅廬、國內歷練、國外獨當一面、國際會議達到輝煌的成長。時光的長河，淹沒了無數曾經在歷史的長卷上留下印痕的優秀人物，金問泗無疑就是民國期間一直被忽視和遺忘的一個人。也因此在《金問泗日記》的出版之後，我們重新打字排版他的兩本重要的著作，無疑地是要讓更多的年輕讀者去認識這位民初的重要外交家和關稅專家。今天我們談世貿組織（WTO），其實它的開山祖師，確鑿無疑的是民國活躍在世界外交舞台上的金問泗，他是「中國接觸關貿總協定第一人」。因此這歷經半個世紀的史料的重新出版，其意義是要拂去歲月的塵埃，透過這些著作去還原並審視那段塵封的歷史。

自序

我退休後，整理篋中堆存故紙，參閱官私讀物，復就記憶力所及的目睹耳聞之事，將四、五十年前三次國際會議處理中日爭端的經過，先後寫成中英文若干篇，劉紹唐先生稱為是一部對日外交痛史，可謂中肯之至。

原來十九及二十世紀中日外交，萬分繁複，然試覓解決兩國爭端的國際會議，只有巴黎和會、華盛頓會議、以及日內瓦國聯（包括比京九國公約會議）三次，故我專就該三項會議情形，扼要記載，以供研究及編寫全部中日外交史者之參考。

我先寫了英文三卷印行，接寫中文三篇，亦在《傳記文學》月刊陸續發表。我愈看自己的作品，愈不滿意，愈補讀他人的作品，愈想把自己的增刪修改。故我的中文篇，比較英文篇多所充實修改，此次趁刊印叢書機會，又將中文篇稍微充實修改些。

我於編撰各該篇後，鑒於日本民族精神，感覺到二、三十年後，日本可能要老戲翻新，捲土重來，心所謂危，不寒而慄。因另撰英文短篇，主張美國與日本加緊軍事合作，藉冀預為控制，措辭鋒芒太露，近年一般空氣，最怕刺激日人，拙篇之作，可謂不合時宜，此間出版界明言此時不要發表。其後我向《傳記文學》投稿，於結束《國聯篇》時，加了一段結論，將該短篇儘量刪改，力戒刺激，大旨推定《日美安全條約》於一九七〇年到期前，該二國均願延長，故主張根據正在商訂中的《禁止散布核子武器公約》，於日美商議修約時，謂當注意核子武器問題，最主要的，在將該項武器的使用權，此時歸美國行使，將來亦不歸日本單獨行使，我的用意所在，當然不言而喻了。

我的中美朋友聽了我的說法，有的說：「老兄未雨綢繆，目光遠大，亦仁人憂時之心，惟愚見以為日本經此次大戰，軍閥主義之根株，業已俱除，復活殆無可能。」又有人說：「今日美國外交政策，過於注重防共，而忽視日德兩國之民族精神，若冷戰繼續，日德勢必恢復軍備，有軍備而不對外發展，乘機雪恥，必無是理。然尊見恐尚不能得美國人士之欣賞。」又美國某大學校長某君說：「君看法對的，然不合美國目前政策，美國目前只圖與日本平穩合作，是目光淺短的，君的大作，將來可能得人欣賞的。」又有人說：「此次修正稿，措詞妥善，結論所提日美修約應注意三大原則，似頗具體，當能起各方評斷，作進一步研究。」又有人說：「對隣邦疑問，乃吾人應有的題目，答案並無肯定，供國內外人參考注意者多，不致刺激太甚，我贊成您發表的。」我所引用各種說法，均是對日本具有認識與研究之人物所說的，但以事先未及徵求各人同意，故未便發表其名姓。當然我亦未嘗不感覺到我的主張，非閉門造車，即是無病呻吟，況且我本人希望我的言幸而不中的，雖然，我焉能已於言！

茲承劉紹唐先生盛意，欲將我的三篇，連同〈我與謨亞教授的師生關係〉一篇，共四篇，印成小叢書，又允許將我的結論英譯件附印於內，甚為欣感。劉先生於各人投稿，每篇細閱，重點所在，多能看透，而又精神貫注，辦事認真，排印校對，亦慎亦精，可喜可佩。

（民國五十六年七月十日美國白珊村）

目次

Contents

德荷戰事經過情形初稿

我與譚亞教授的師生關係

民國五年夏，北京政府初次舉行外交官領事官考試，我應考獲取，以學習員地位進外交部。次年，外部派我為駐美使館學習員，同時令肄業紐約哥倫比亞大學，專修國際公法及外交學。部令發表之日，外交總長汪大燮特召余及郭雲觀二人進見，謂政府為欲培養外交人才，故特准你們兩位支館員俸給，備往哥校專修，希望多多奮勉。郭君，溫州人，號閔疇，與余在復旦、北洋兩次同同班，同時考進外部，每逢應試，常與聯名。至是同奉派往美館學習及哥校肄業，以是年十一月間同船同艙，相偕抵美。又次年即一九一八年十一月間世界大戰停戰，巴黎和會，行將召集，余與閔疇，奉駐美顧公使維鈞邀往華京謁談。顧使言「我國參加和會，對於種種有關我國問題，須儘速搜集資料，細加研究，準備提案。玆有（一）廢除領事裁判權，及（二）恢復關稅自主權兩問題，由你們兩位，擇一研究。」閔疇先發言，認定領判問題，余乃研究關稅問題。顧使旋奉政府派任代表，閔疇與我，嗣亦見委在本國代表團服務，先後前往巴黎工作。

我在哥校肄業時，其國際法及外交學教授為謨亞先生（John Bassett Moort,一八六〇——一九四七）。先生美國人，屬民主黨，威爾遜總統任內，嘗一度代理國務卿，為本世紀國際法學權威，著作甚多。其《國際法分類編》（A Digest of International Law）八冊，學者尤奉為圭臬，師任此講席逾三十年。每次講授，莘莘滿堂。共教授法，於上課時任呼學生一人，出一問題令答，既答覆，則就以伸說，博引詳徵，務令聽眾咸喻。我初未見問及，一日，講堂外遇見先生，為言我欲於上課時與君作問答，君意如何？我謂遵命。次日，在講堂問我「平時封鎖」（paeifie bloekade）之意義與作用，我既簡單致覆，師乃就作一小時之演講。此外，師每招學生一二人，到其校中私室座談，我亦得幾次招往參加，室之四圍，厨分架列，儼然書城。師則指定題目，口講指畫，必精必詳，逾三四小時而不倦。有所請益，或有所問難，悉為次第解答。時或爬登小梯，從架上檢出書本某葉某段某句，以為引證。此種座講，其獲益處尤比上課為多。而謨亞教授之抵掌奮髯，精神煥發，又復和藹可親，其情狀如在眼前，及今追想，但覺當年便坐雅談為時太短而已。

一九一九年正二月間，我於啟程往巴黎之前，謨亞師特定日期，准許我應畢業考試，試事及格，所撰論文一篇，亦蒙審定接受，因得法學碩士學位，閱疇則以先期赴歐，遂未及同應此項特試云。

謨亞先生，對於國際局勢之演變，依據過去歷史教訓，以及當時與將來的趨勢，純從實際方面，隨時隨事，作深刻之研究與切實之觀察，故能胸有成竹，瞭如指掌。其於威爾遜總統（Woodrow Wilson）親往出席巴黎和會，甚不以為然。並謂威總統主張組織「國際聯合會」（A League of Nations）以維持世界和平，既於離國前以此揭櫫於國人，故和會必須成立擁有此名的機構，俾可攏回交卷，然決非威總統理想中之國聯，此則所可斷言者。緣門羅（亦稱孟祿）主義（Monroe doetrine），威總統既不能亦不敢放棄，則其他外強，必且相率援例，推行各該國的類似主義，此其結果，所謂國際聯合會，必成為美、英、法、意、日本五大國分配全世界的工具，而況英、法二國，必更進一層，借重新機構，用以控制及懲治德國，此皆非威總統之本意。凡先生對我所說各點，其時我尚未離美赴歐，距和會開會不遠，後果悉驗。

師之言曰，依余個人經驗教訓，遇事必從實際方面觀察。歷史演進是循環的，今日之世界，並不比昨日好。國如同人一樣，必須依算自己以圖生存而謀發展。

其對於我國參加巴黎和會之前途，師之看法，亦頗透徹。其時王正廷博士，方代表南方，來美向各界遊說，意在運動美國承認南方之交戰地位。因訪晤謨亞師，師答稱：中國此時若再對外表示內部分裂，和會召集，中國必且見擯不得參加，鄙意以為不可！王博士失望而退。旋我政府派到會代表五人，外交總長陸徵祥先生為首席代表，王正廷次之，雖未明言分別代表南北兩方，亦藉以表示對外一致之意。

再者，我既奉顧使命研究關稅問題，先為草擬大綱若干條，以便著手搜集資料。因一面請示顧使，一面請教謨亞。謨亞師閱後，發表意見三點如次：（一）中國代表提案時，應說明中國若得恢復關稅自主權，乃可放手整理國內稅務，則外國人在華經商，亦將受惠不淺，如此立言，方可動聽；（二）大綱內有修正現行稅率俾得切實值百抽五（此為當時條約規定之進出口稅率）之數一條，此條非有必要，最好不提，倘若貿貿然提出，恐他國只應允此端，而置關稅自主要求於不顧；（三）他國可能藉口於中國政局不安定，以為反對關稅自主之理由。其言若曰：「將以此權給予北京政府耶？抑以給予廣州政府耶？」師謂他國可能如此說法以為搪塞。凡此各點，皆謨亞師當年對我講的。我國向巴黎和會提出願望（desiderata）若干案，包括關稅自主權案在內，和會認為不屬於其討論範圍，謂可俟國際聯合會成立後，提請注意，輕輕一語撇開。至一九二二年華盛頓會議討論關稅案，他國代表的意見與其說法果然彷彿如謨亞先生之所預料者。蓋華會討論該案之惟一結果，為立即設法修正稅率俾合切實值百抽五之數，不獨我之關稅自主要求完全不理，即各項附加稅問題，亦悉以諉諸日後召集之特別會議。至關於特別會議地點問題，美代表羅脫（Elihu Root）不惜以諷刺的語氣，謂北京、廣州或將爭作東道主，此亦竟如吾師之所預料，其先知灼見，有如是者。〔關於華盛頓會議討論關稅案情形以及此問題最後發展與結果，請參閱拙著 China at the Washington Conference, 1921-1922（St. John's University Press, New York, 1963）。pp.36-48.〕

當然謨亞先生，亦不免有千慮一失之處。民國九年即一九二〇年，顧少川先生調任駐英公使，是年冬，國際聯合會在日內瓦開成立大會，顧先生兼任我國代表，我國既當選為行政院非常任會員國，顧先生又兼任出席該院代表，外交部乃就駐英使館兼設辦事處，專辦關於國聯事務，余亦調處工作。次年即一九二一年春夏間，美政府決定召集華盛頓會議，一以裁減海軍，一以解決遠東問題。我國被邀參加，余從倫敦致函謨亞師，一則主張關於遠東問題的議事日程，措辭須求籠統，庶可將山東問題相機提出；二則關於美國代表之人選，探詢師本人是否參加，並以羅脫氏被命為代表之說，問其是否屬實？師覆稱：伊本人無意參加，同時謂羅脫氏決不被派為代表。既而羅脫奉命為四位代表之一，師又致我函謂可見預測之未免冒險也。

一九二四年，謨亞教授有新著作出版，書名《International Law and Some Curent Illusions and Other Essays 國際法之闢妄及他文》。師嘗語余，謂世界大戰之後，許多著作家，似認破壞國際公法之舉，為新規則之創立，此種思想錯亂，其原因有二：一以缺乏法律上的訓練，遂對於國際法基本原則，認識不夠，二則對於公法之破壞，可能具有同情，乃從而為之辯護掩飾。先生因著論以釋疑而闢妄，為新書之第一篇，此外尚有關於國際法庭以及研究各項國際法問題之論文八篇，統共九篇。我於此書，曾撰英文書評，稱謨亞為人類福利的擁護者而為黑暗世界之火炬光，登在一九二五年第九卷《中國社會政治學評論季刊》（The Chinese

Soeial and Political Science Review, Volume 九, for 一九二五, Pages 五九四—五九九, Peking.）。

先是，華府會議專設委員會，議定關於禁用毒氣及戰時如何使用潛水艇之規則，然尚有飛機作戰及戰時無線電之使用各項問題，華會未及併議，乃隨後另設法學家委員會，以從事於討論研究。於次年即一九二二—二三年集會於海牙，參加之國為英、美、法、意、日本及荷蘭六國。謨亞先生其時為國際法庭法官，乃兼任該委員會美國代表，並被推為委員會主席。師凡有主張，無不光明正大，精深周密，為委員會所重視。師尤注意於保存戰鬥員與非戰鬥員（平民）區別之原則，基於此項原則，為制定空中作戰規則若干條，大旨規定空襲應限於軍事目標，儘量避免傷害平民。其新書第五篇，詳敘該法學家委員會討論經過暨其結果。總之，武器日益精新，斯戰禍日益擴大，而制定章程，以限制其使用而減輕其禍害，亦自益有此必要。然當第二次世界大戰，空襲之禍，玉石俱焚，平民死傷與夫財產損失，不計其數；而日本獨遭原子彈爆炸，其禍尤慘。玆當核子科學時代，殺人利器，爭相發明，日益兇猛，他日為禍之烈，必且千百倍於往時；加以一旦戰事爆發，交戰各國，必俱採用全民戰略，則所謂戰鬥員與非戰鬥員之區別，其原則早已無形取消，而限制使用武器之規則，自亦等於廢紙；何況三十年來，國際惡勢力之滋長，日甚一日，公法約章，儘量破壞，而莫可誰何，使謨亞師而尚在，正不知其作何感想也！

謨亞師談吐之間，頗饒幽默。一日與我閒談，師謂伊本人擔任公私事業甚多，政府方面，亦嘗以國務卿一席試探意旨，彼非不願犧牲私人利益，但擔任政府要職，必須能行其志，方有價值。因以諷刺畫一紙示我，畫中威總統時代之國務卿蘭辛（Robert Lansing）座前鋪紙一張，蘭辛執筆一枝，其背上裝有電鈴，威總統按鈴，彼即簽字，而畫尾寫有一句法文，謂「於此可見君何以不在國務部服務。」及聞我結婚，師送我書一本，即上段所說之《國際法之闢妄及他文》一書，此書第九篇篇名〈Relativity〉（相對論），師函稱：「君的快樂，是絕對的而非相對的，是以此篇於君為不適用。」又云：「某醫學雜誌稱男子娶妻，其壽命比不娶者為長。」謨亞先生出言瀟灑，逸趣風生，於此可見一斑。

自一九一七年起至一九三三年止，我與謨亞師來往信五十餘通，內有師親筆信幾紙，餘皆打字之件，久藏篋中，凡屬國際法與外交問題，包括國聯處理中日事件在內，皆與商討。而我與先生有幾次晤談錄要，亦為併藏。將來或一併送往母校彙存，刻尚未定。猶憶一九二一年十一月間，我隨顧使由歐來美，參加華府會議。我住華京某旅館，師亦適行抵京，是月九日，約我晚飯，打電話值我外出，乃致函相邀，是晚晤談之後，以我常在歐洲，竟未得與師再晤面，此函亦在卷中，展覽憮然。

（原載《傳記文學》第八卷第五期）

山東問題之我見

光緒二十年甲午（一八九四），中日交戰，我國戰敗。其後數年，俄、英、德、法等國，互劃勢力範圍，又相率以租借地方式，攫奪吾領土，以實現其瓜分中國的計畫。一八九八年，有德國教士二人，偶在山東內地被害，德國藉口解決此案，恃強恫嚇，迫令清政府簽訂為期九十九年的租借地條約，以膠州灣青島租給德國，並給與該省路鑛權。民國三年即一九一四年，歐戰發生，日本乘機追算甲午之役，德國聯同俄法，威逼日本，以清廷已允割讓的遼東半島，歸還中國的舊帳，對德國以同樣措辭的最後通牒，要求將青島交給日本，「以便最後歸還中國。」德置之不理，日本遂對德宣戰，佔領青島及膠濟鐵路。次年（一九一五年）一月間，向我國提出二十一條要求。其中一條，要求我國於將來和會對於德國在山東省權益的處置，預允接受。中日兩方，磋商幾個月。我國在日本哀的美敦書威脅之下，於是年五月間簽約，接受日本各項要求。隨後日本復與英法等國，密約在和會中支持日本立場。並與美政府換文，標明一個新主義，謂基於地理上的接壤，足以造成接壤國間的特殊關係，此即〈蘭辛石井協定〉。至是，日本外交布置，已臻周密。更利誘我政府，密訂濟南至順德與高密至徐州兩路墊款合同。因而日本在山東經濟利益，愈見擴張，即其在該省外交形勢，亦愈見有利。迨巴黎和會開會，日本遂要求德國將其在山東一切權益，無條件的讓與日本。我國則要求直接歸還於我。威爾遜總統本對我同情，勸日本勿堅持。然以日本一方面，對於國際聯合會憲章，提出美國難於接受的提議，而又不即作進一步的堅持，充分做弄其故意操縱的姿態；另一方面，則暗示倘和會於山東問題之解決，不予日本滿意，則日本可能退出和會。威爾遜處此進退維谷之境，遂接受日本要求。我國代表，遵從政府以保留方式簽約的訓令，向和會百計交涉，交涉無效，不得已，拒簽凡爾賽和約。半世紀前轟動一時的山東問題，其經過情形，大致如此。

一九一八年十一月二十六日，在威總統啟程赴歐前一星期，顧維鈞氏（時任駐美公使）拜晤美總統於白宮。對於中國問題，與設立國際聯合會之計畫，以及威氏〈十四原則〉的實際上適用等項，大體上交換意見。威爾遜對於遠東前途，表示關切，而對我同情，在和會大致可予我支持。然山東問題本身，則並未提及。蓋威氏於是年一月間，在國會宣布原則十四點，以為議和基礎：其中如設立國際機構，以維護各國之獨立與其領土完整，如依據民族主義以劃定國界，又如以公開方式訂立條約，此等原則，倘果實行，則就我國而論，各國在華所有特殊權益，無論其性質是領土的，政治的，或經濟的，或司法的，概括言之，即一切不平等條約，均可望次第取消，而德國在山東之權益，亦當然歸還中國，自無待言。故我國向和會提出之「願望案」，如撤銷領事裁判權，如收回關稅自主權，如廢除租借地與租界，如撤退駐華外國軍警等等，可謂包羅萬象。其最主要者，為廢除基於二十一條而所訂立之中日各約一案，若我於此案，果在和會得滿意解決，則不獨根本無山東問題發生，即滿洲與其他問題，亦均可迎刃而解；果如是，則我之外交局面，一轉移間，而開闢一新紀元，亦屬可能。即威總統赴歐之初，亦自以為此次必可得到真正和平。我國朝野，觀於威氏本人親自到會領導，以為我外交勝利可操左券。在我期望既殷，及其事與願違，斯失望為尤甚焉。

威氏〈十四原則〉發表後，國內國外，咸予歡迎。然其出發點，並非一致：在美國本國，此項原則，與其傳統的民主主義與理想，大致相吻合；在敵人方面，則以為有此議和基礎，即使戰敗，亦可得到較為公允的和約；而在英法方面，覺得如此號召，可以緩和敵勢，使其漸無鬥志，藉以促成和局。可見威總統的原則，雖受一致擁戴；而各有各的見解，即各有各的作用。果然，在一九一八年夏秋之交，敵勢不支，表示願意罷兵，英法乃聽由威爾遜全權應付，卒能根據〈十四條原則〉，收雙方停戰之效。〈十四條〉終為英法所利用。於是法總理克雷芿謾（Georges Clemenceau）作一譏笑的批評，其言若曰：上帝以禁誡十條給我們，我們不惜違禁；今威爾遜給我們十四條，我們從耶違耶，且聽下回分解。

巴黎和會一切問題，統歸三巨頭作最後決定。三巨頭者，美總統、英首相與法總理。英首相勞藹喬治（David Lloyd George）與法總理二人，為老練的政治家與外交家。對於國際問題，每從實際方面著想，第一在維護及推進其各本國與歐洲的利益，次乃及於他事。其對山東問題，毫不研究，亦不關心。又復侮弱助強，絕無國際道德觀念，其為有心偏袒日本，早具成見，固無待乎密約規定也。猶憶歐戰初起，德國視條約為廢紙，侵犯比國中立，突攻里藹巨（Liege），轉向法國進兵。英之對德宣戰此為主因。其時勞萊喬治猶未執政，嘗主張允許德軍假道比境，但須事後對比賠償損失，可見其毫無主義，至於此極，而欲冀其主張公道，支持我國立場，必無是理。反之，威爾遜是一位富於理想的政治家。自其擔任大學校長，而為省長，而當選總統，其生平抱負，每欲實現其理想的民主主義。迨其第二屆總統任內，參加歐戰，轉敗為勝，美國成為第一強國，威總統成為世界上最有力的發言人，於是認為時機已到，可以造成一種國際局面，使此次戰事為國際間最後一次戰爭，此後藉國際聯合會之力量，可使全世界逐漸踏進於民主化階段。這種見解，是超時代的，顧自英首相與法總理二人觀之，則徒覺其不切實際，言之易而行之難。然亦了解威總統既以國聯相號召，則和會召集，必須成立擁有此名的國際機構，方能償其宿願。於是具有眼光手段的外交家，利用此點，以擁護國聯為要挾威總統的工具。故威氏最後接受日本要求，以解決山東問題時，對我解釋，則謂為欲保全國聯而出於此云。

巴黎和會之組織，有全體會議，有特設委員會，有美、英、法、義、日本五大國各派代表二人出席的十人會議，有美、英、法、義四國首席代表的四人會議。而三巨頭者，隨時聚談，不拘形式，亦無固定議程。關於山東問題，我國代表被邀出席參加辯論之機會，為一九一八年一月二十七日、二十八日十人會議兩次，又四月二十二日四人會議一次，先後共三次。和會出席代表人數，規定五大國各派五人，其餘參加各國，大多數派兩人。我國雖派全權代表五人（除陸徵祥、王正廷、顧維鈞外，尚有駐英公使施肇基及駐比公使魏宸組），但同時出席者，亦以二人為限。至何人出席及何人發言，均由各國代表團自定之。一月二十七日上午十人會議提出山東問題時，日本及歐洲三國，均主張擯斥我國，以威總統及國務卿蘭辛（美國第二代表）之堅持乃決定邀我出席。迨我代表團臨時接到通知，匆忙間，決定由王、顧兩代表出席，並推定顧氏發言。顧氏於到會前，先趕晤蘭辛，請其作有力的支持，當得其切實允諾。是日下午之會，聽取日本代表牧野男爵提出日方要求後，顧代表聲明保留發言權。散會後，復偕同陸外長往晤威總統，希望次日發言相助。威總統表示同情，謂當盡力相助，然覺英國態度不可靠，顧氏託向英方疏通。然英、法二國支助日本之密約，其時中、美兩方，固均尚未有所聞也。

當時我代表團，頗有致疑於本國代表，對於山東問題，事前毫無準備，頗多惶恐；即美國代表團人，以其對我十分關切，亦若顧慮到此，然此皆未免為善意的過慮。緣是日（一月二十七日）晚，顧代表先與其同僚作大體討論後，返至賃宅，就平素搜集的資料，作十分透徹的鈎稽，深宵寫稿，成竹在胸。次日上午，復往出席十人會議，應主席（法總理）之請，起立發言。是為顧維鈞氏在國際會議首次演說。初似發音稍顫，既乃侃侃而談。首言德國佔領膠澳，本屬不正當之事，今若不以歸還主權所屬之中國，而又以交給他國，豈非更添一個不正當事件。次乃從政治上、地勢上、法律上、文化上各端，說明德人在山東權益之必當直接歸還中國。此外又援引和會已經接受之民族主義與領土完整主義，以為根據。日本代表乃稱，該租借地現正由日本佔領，日本須先從德國獲到自由處置之權，方能履行其歸還中國的諾言。威總統予以駁辯，謂無須徵求德國同意。即克雷茫謖及他人，亦復表示詫異。日本代表旋提起關於山東鐵路問題，中日兩國間已有換文規定。威總統因詢是否願將該項換文提交和會。牧野支吾其辭，初答稱「是」，繼說「否」，繼又說「想可照辦」，繼又說「須請示政府」，殊見窘態。威總統又以此詢顧氏，答言願提交和會。因接言日本如何威脅中國，逼令承認二十一條要求。又言二十一條各約，原係臨時性質，須待和會最後斷定；況自我對德參戰，膠澳租約，業經失效等語，逐層解釋，全場動容。其在國際，在國內，即在本國代表團，皆有一鳴驚人的感想。克雷茫謖事後批評：謂顧維鈞之對付日本，有如貓之弄鼠，盡其擒縱之技能。蓋顧氏一方面，固指斥日本之行為，他方面則對於該國剷除德國在遠東的勢力根據地，表示謝忱，即對其交還中國的聲明，亦言並無不信任之意。法總理之評語，所指在此。

此後數月，和會工作，日增繁重，問題日見複雜。義日二國戰爭期間，所與他國分別訂立的各密約，亦先後披露。此在我國方面，顧氏復向美方奔走接洽，仍以情勢變遷該密約不復適用為理由，切託美總統轉勸英法各國，勿為該約所束縛。其時三巨頭對種種問題，意見紛歧，日多衝突。威總統益感應付困難。蓋美國外交家思想較為單純，每非機巧多端的歐洲外交家之敵手，殊為可惜。況當威總統赴歐之初，美國國內尤其是共和黨參議員，對威氏公開反對。前羅斯福總統（Theodore Roosevelt）且明言威總統已不能代表全國人民的意旨。故威氏在巴黎一舉一動，每受國內攻擊，雖經威氏一度回美疏通，並無多大效果。既而義大利以費烏米（Fiume）問題，威總統拒絕其要求，其代表憤而退會。日本並在《國聯憲章》委員會，故意提出人種平等原則，予威總統以難題。緣當時美國移民法，嚴限外人入境，中日二國人民，尤感覺限制之苛。得此基本原則，他日可據以交涉，冀可改善放寬。然此為美國國會所不能接受，即對於《國聯憲章》，多一攻擊理由。日代表固熟知之，而特為提出，以增添威總統頭痛，亦令我代表有不能不贊同原則之苦衷。用心深險，至於如此。在此重重難關之下，三巨頭於四月二十二日上下午，分別邀請中日兩國代表到會，冀將山東問題作一結束。

至是，威總統出而調停，提議將青島暫交包括日本在內之五國保管，否亦規定由日本歸還中國的確期。日本代表均不接受。是日午後，三人（義代表缺席）會議，我方由陸、顧兩代表出席。威總統乃轉勸我國讓步，謂中日二國間及日本與英法二國間，皆受條約拘束，致使本問題益增複雜。勞藹喬治嘗言：二十一條彼所未聞，然彼對於向不研究的問題，每能臨時參加辯論，自作主張。因向我代表提出二點：（一）准許日本依照中德租借條約，享受在山東之權益；或（二）依據中日條約，承認日本在該省之地位，聽由中國擇定。因極言條約既訂，必須履行。威總統從而附和之。並言他日國際聯合會成立後，各國在華特殊權利，均可取消，中國之利益，可得保障。然山東問題此時必須得一結束。

因詢我代表對於英首相所提二點，何捨何從？顧、陸兩代表象商後，仍由顧氏發言，聲明兩點皆難接受。顧氏更從我國今後外交政策上，以及維持遠東和平上立言，作最後之呼籲。既散會，次日，即四月二十三日，顧代表復致文威總統，申述不能接受之意；但對於直接交還原議，表示讓步，而提議將德國在山東之權益交與五大國，以便交還中國，並自和約簽字之日起一年內，由日本交還中國云。

四月三十日，三巨頭又集會，日本代表被邀出席，而未邀中國代表。是日，正式決定承認日本要求，日本則片面的允諾，以政治權歸還中國，仍保留路鑛以及他項經濟權益。蘭辛氏所說此猶巡警檢得錢袋一隻，留錢己用，而以空袋交還失主是也。美國代表團，既以「保全國聯」之說，通知中國代表團，顧氏即起草以代表團名義發表宣言公開抗議。有和會既欲保全將設立之國際聯合會，應令強的日本放棄其領土野心，不應令弱的中國，犧牲其自身固有的權利等語。迨和會消息，傳至國內，群情憤慨，反應甚烈，激成民眾抗日愛國運動，此即「五四運動」，其（一）意義、（二）作用、（三）背景、與（四）影響，當時固未能完全領解也。

於是我方向和會多方設法，欲得一較有體面的解決，藉以打破僵局。起初主張在和約內山東三條下，加添最後歸還中國字樣，和會不允。五月六日，陸、王兩代表，在全體會議，正式提出保留，乃主張在和約內我國代表簽名下面，聲明對該三條之保留案，和會又不允。將保留案改為和約附件，又不允。又改為和約內隻字不提，但在簽約前致函和會主席，聲明再予考量山東問題之權，又不允。而僅允於簽約後送函，但簽約後送函，效等於零，為我方所難承允。乃對於簽約前擬送之函，修改字句，以為最後讓步，仍不允。遂不簽約。其時顧氏各方奔走，會晤頗多。玆為節省篇幅起見，僅補敘一次於下：是年六月二十四日，距佛賽移宮簽約前四日，顧氏往晤和會秘書長杜塔斯塔（Dutasta）。杜氏語顧氏，謂保留案之不能接受，半因缺乏先例，半因懼開新例。顧答稱一八一五年《維也納公約》，瑞典代表，曾於其簽名下，聲明對該約若干條保留，可見有此先例。杜氏又說：和會若接受中國的保留案，則他國尤其是德國勢將效尤。顧答言：和會若將所以對待公同敵人者對待參戰聯盟國，殊覺可惜。因起立不歡而退。

對德和約既簽字，威總統回美，以該約連同《國聯憲章》在內，提請國會批准。參議院攻擊威氏，日甚一日，山東問題各條，亦用為反對理由。於是威氏力疾作西部長途旅行，到處演講，爭取民眾支持，疾作亟返華京。和約憲章，終遭否決，美國未入國聯，威氏計畫，全歸失敗，要非威氏本人始料所及也。

山東問題，為余進外交界後，親自聞見之我國對外第一要事。今以事後的聰明，回憶所及，姑條列五點如左：

（一）主張國際正義公道的原則，在乎善於運用。然若對內不統一，對外無實力，而專憑此類原則，以為應付，則終無濟於事。

（二）別國對我支援固屬好意，然若純出於仗義執言，而在該國並無切身利害關係，則一遇阻力，易生變化。

（三）外交爭端，牽涉兩方面子關係，陷於僵局，無從解決。

（四）英國固傾向日本，英首相尤不可靠，豈知山東問題主要關鍵，乃在英國。英首相倘能與美總統，共同力勸日本，稍稍讓步，或可較為有效。此亦本屬渺茫，然當時我與英方之接洽，究嫌不夠。

（五）我與日本直接交涉，當時固絕不可能，即可否如兩年半後華盛頓會議時之方式，在第三國派員旁聽之下，舉行雙方談判，其時時機本未成熟，然亦並未想到。總之，當時我方立場，偏重體面，而實際上如何解決問題，似少注意，亦欠商洽。[1]

綜觀我國之在巴黎和會，山東問題，既遭失敗，各項願望案，和會亦不受理，而以諉之尚待設置的國際聯合會，可謂我國外交失敗史之一頁，無可諱言。然在十二年前，即一九〇七年，第二屆海牙平和會，清政府尚派前任美國國務卿福斯脫（John. W. Foster）為我國三代表之一。至巴黎和會，而世人始知吾國非無堪以出席國際會議之人才。蓋所貴乎出席國際會議者，本不在代表名次之先後，而在有無發言得體參加辯論之才能。此後五十年間，每逢國際會議，我國出席代表，人才輩出，顧少川先生實開其先，故對於山東問題一段史實，吾人所當注意者，首為我方如何力爭膠澳之應直接還我，其次為對於保留方式之力

1 對總和約送交德政府後，德國於是年（一九一九年）六月間，向和會出對案。關於山東三條，表示接受，但對於德人在山東之私人財產，則希望價償。和會答稱：倘德政府能證明德國在山東之路礦權，確係私人財產，則可價償。我於是月十六日見各報載有此項消息，認為日本對於膠濟鐵路及沿路各礦，既須付款，則我方似可從日本轉購，如果可辦，似不妨先向和會當局徵此意。適因顧代表外出，乃為留函請其注意。此函見我所著之*China at the Washington Conference, 1921-1922* (St. John's University Preas, New York, 1963), Note 12 p.57-58。

爭，兩皆無效，而後決定拒簽和約。對德和約之不簽字，當然是代表政府的行為，至於內中曲折，如各人持見不同，又如政府一度舉棋不定，皆可無須深究。總之，我國已往外交，常居被動地位，至是，而始漸進於自動外交的階段，山東問題歷史上之重要性，蓋在於此。

（附記）山東問題中西文作品不少，請先參閱：（一）顧少川法官最近所撰〈巴黎和會的回憶〉一文，見《傳記文學》第七卷第六期。顧先生自謂：手邊無資料，僅憑記憶力所及，口授此文，乃是急就章。話雖如此，究係原經手人的作品。又（二）鄙人所撰之 China at the Paris Peace Conference in 1919（St. John's University Pres, New York, 1961），此書完全根據原手資料，本篇則大致根據是書，然有增刪處，亦有充實說明處。

我所說原手資料，除官方文件外，尚有顧氏與他國外交家及他國要人的會晤錄。顧氏每次會晤畢後，當日或隔一二日，操英語口授，令我或我的同事分別擔任筆錄。顧氏說得頗快，我不會速記，每苦趕寫不及，時或遺漏要點，顧氏閱後增補。曾囑只打一份，不許錄副，我以一則喜其英文之美，二則欲揣摩外交辭令，仍私自多打一份，以便從容細讀，然絕不示人，亦從不向人道及。一日，正打字間，為顧氏所發現，怒而抽出。然我仍擅自留副，所留固無多，久藏篋中，及四十年後撰稿，發篋引用，亦得顧氏同意。顧氏自己藏卷，其早年部分，留在大陸，無從檢閱，猶幸我所珍藏副本之在我手邊也。

（原載《傳記文學》第九卷第一期）

華盛頓會議對我國問題之處理

一九二〇年秋，美國大選。結果，民主黨隨威爾遜國聯政策失敗而落選，共和黨哈丁（Warren G. Harding）當選為總統。次年，在美京召集國際會議，一以討論限制海軍軍備問題，由美、英、法、義、日本五國參加，一以討論太平洋遠東問題，參加各國，除該五國外，尚有中國、比利時、荷蘭、葡萄牙四國，共九國。

我國代表，為施肇基、顧維鈞、王寵惠、伍朝樞四人。其時，施顧二氏，已對調分駐華盛頓與倫敦，王氏曾任司法總長，時任大理院長。又其時南北對峙，北方奉徐世昌為總統，為美國邀請參加會議的政府。南方奉孫中山先生為總統，伍廷芳長外交，其子朝樞副之。北方委派朝樞為代表之一，表示對外一致，然朝樞並未赴美到會。

民國九年十年間，我奉委在駐英使館附設之國際聯合代表辦事處服務，隨顧使往還倫敦、日內瓦、巴黎各處間。當國聯一九二〇年底第一屆大會開會，以顧氏之縝密布置，我國當選為國聯行政院非常任會員國四國之一，以為可因國際地位增高而促進國內統一，一時頗為興奮，但事實上並不如此簡單，迨華會開會，我又奉派隨顧使參加。我的主要戰務，在襄辦關稅問題，隨同出席該問題之分委員。

華盛頓會議，以一九二一年十一月十二日開會。美國首席代表國務卿許士（Charles Evans Hughes）被推為主席。美國另三位代表，為前任國務卿羅脫（又譯稱路德）（Elilhu Root），參議院多數黨領袖外交委員會主席勞鉅（Henry Cabot Lodge, Sr.）（他是參院中反對威總統派的主腦），又少數黨領袖關稅問題專家恩特梧特（Oscar W. Underwood）。哈丁鑒於威爾遜之失敗教訓，故加派參院兩黨領袖為出席代表。許士對我國態度，較為公允。羅脫頗傾向日本，以為日本有現代國家的資格，我國無之，而日本在滿洲之地位，彼則予以支持。故我方對於他被派為代表，極為顧慮。其會中所表示之態度及其主張，分見本篇後段。

華會於次年二月六日閉會。是日，簽訂五國限制海軍條約，規定主力軍艦噸量，為美五、英五、日本三之比例，並互約太平洋諸島，各不增設軍備。其關於我國問題，除各項議決案外，共立兩約：一為九國公約，一為關稅條約。此外中日二國先期在華京簽訂解決山東問題懸案之條約。華會中我國提案甚多，討論經過，相當複雜，茲為扼要起見，專就（一）山東問題，（二）九國公約，（三）關稅條約，（四）其他事項，分段簡敘於下。

（一）山東問題之解決

自我國拒簽佛賽移（凡爾賽）條約後，至華會開會前，兩年半間，山東問題，成為中日二國僵持的懸案。其間美英二國，曾勸日本履行其交還中國之諾言，日本堅持直接交涉解決。我則堅決反對，表示願由第三國居間調停，或提交國際會議解決。我國並曾一度考量提交新成立之國際聯合會，終以美國既未入會，提亦無補而作罷。迨日本接到美政府邀請與會，表示不願以該問題提會討論，美國因亦不欲有所主張，尚一度勸我勿提，故我方於草擬議程時，未將該問題列入。及華會開會，卒以許士及英代表白爾福（Arthur J. Balfour）之會同努力，亦因彼時日政府亦願和平結案，尤其是該國代表駐美大使幣原喜重郎（Kijuro Shidehara）素主對華用比較和緩手腕，故中日二國，均接受調停，在英美二國派員觀察之下，由中日兩國代表在華府舉行會談（conversations）。蓋既稱為會談，復在第三國舉行，且有第三國人員列席旁聽，即非正式直接談判，而第三國人員，只是旁聽，亦並非干涉，故對於雙方面子與立場，總算面面俱到。因自是年即一九二一年十二月一日起，至次年一月卅一日止，集會三十六次，終於獲到兩方同意的結束。

此項中日會談我國三代表均同往出席。日本方面，除幣原外，尚有出淵勝次（Katsuji Debuehi）及埴原正直（Masanao Hanihara）二人，亦共三位代表。開會之日，許士、白爾福二人亦到場，簡單致辭，略言：必要時願盡友誼協助，辭畢即退。分別派員觀察，兩觀察員始終未發一言。中間因膠濟鐵路問題之爭執，一時成為僵局，我方曾擬請英美代表從中調停，以日代表反對而未實現，可見日本方面所謂觀察員，純屬旁聽，而絕不欲令發生調停作用也。

會談問題，如交還及開放膠澳，如收回公共財產，如海關鹽業鑛產，如撤退日軍等等共有十一項。就中最主要亦最困難的一項，厥為贖還長二百九十英里的膠濟鐵路一問題。關於討論此問題，開會約佔半數。路價一層，解決非難。緣該路經證明為德國私人合股經營事業，其價格由巴黎和會賠償委員會估定為五千三百四十餘萬金馬克，從德國應付日本之賠款總數中扣除。中日代表，根據其估定數，作為贖路應付之款。以重視我國立場，不用「賠償委員會估定數」字樣。其最後確定日幣數見後段。

該路起初我方主張付現款贖回。日方主張中日合辦。以我方反對，改為由我國向日本銀行界長期借款，在尚未還款期內，由日本銀行界推薦總工程師、車務總管（即行車處長）、會計長各一人，皆為日本籍，提由我方照雇。並謂此係中國鐵路之通行辦法。則經顧代表答以我國路款合同，以須借款築路，故每有雇用外籍人員之條款，至膠濟路早經造成開車，自不得視同一例（一九二一年十二月十六日第十四次會）。兩方爭執甚烈，未有歸宿，正值度年休假，而有梁士詒與小幡會晤事件發生。

民十年底，國務總理靳雲鵬辭職，梁士詒繼之，顏惠慶仍任外交總長。日本公使小幡酉吉（Torikichi Obata），於十二月二十七、二十九兩日，先後分別拜晤顏梁二人。曾向梁切詢膠濟鐵路辦法。答以借款自辦。外部據以電知我三代表[2]。部電只說借款，外間傳聞，乃謂梁已允借日款，而外部據以電令三代

[2] 民國十年十二月三十一日外交部致美京施、顧、王三代表電原文如下：「二十九日電悉。小幡於二十九日訪晤梁揆，初詢膠濟路辦法，告以擬定借款自辦，至一切細目，仍由華府商議云云。特達。

表者。華京開會期間，住有國民代表余日章、蔣夢麟二君，尚有其他政客與學生代表等等，相率向本國代表團請願以贖路金業由國內銀行界籌足，超過需要之數，故應對日堅持現款贖回，不得稍有讓步。及聞梁與小幡會晤，則以梁允借日款之說，電告國內。吳佩孚素與張作霖為敵，梁閣恃張為奧援，於是以倒閣手段希圖打倒張作霖。乃根據國內外種種傳說通電攻擊，要求梁氏下野。廣州並聲言梁以年關需要款項，故欲借日款以維持北京政府。外交問題，最易動聽，借題發揮，軒然大波。梁氏亦迭次通電自辯，謂小幡來見，純屬交際，本人既未允借日款，且自認證總數十分一以備即刻贖路之用。張作霖復力為梁聲辯。嗣以吳佩孚領導各方攻擊，一唱群和，日益加烈，梁終於引退。華會閉會後約兩月，奉直發生戰事，張作霖軍敗退，徐世昌亦退位。此事經過情形，詳見《三水梁燕孫先生年譜》。編年譜者之看法，謂外交部所發梁允借日款之電意在「偽造事實以資傾陷」（《年譜》下冊一九五頁），實則原電本無「日款」

外交部三十一日京字第一百零六號。」此電及其他相關電文，連同是年十二月二十七日「顏總長會晤日本小幡公使問答」，均存台北近代史研究所。至十二月二十九日梁總理與日使會晤錄，則經各處遍查未得。

字樣也。

再者，梁氏通電曾言路款最好國人自籌，否則可由國內外合辦，此則既非限於日款，亦非但儘日本（《年譜》下冊一八三頁），於此可見並不將日款除外。況顏外長與日使會晤時，以日使言倘日方提案，中國不予接受，可能談判決裂，故籠統的答以當提閣議。然亦未明言反對日款。顏會晤談話，並未受人注意，自未遭任何人的攻擊也。

次年即一九二二年一月四日，幣原告許士，謂梁總理路款提議，與日本代表提案相同。許士派員，以此項消息通知我代表。我代表電部查詢，得覆切實否認。同時，中日代表繼續會談，日方態度，益見強硬。是月六日，關於鐵路部分之會談，遂告停頓，而接談其他各項。乃會同發表公報，公佈兩方之主張，其要點如左：

日本方面

（一）借款期間十五年，但得於五年後先行付清。（二）雇用日本籍車務總管、會計長各一人。

中國方面

（甲）指定日期，向第三國銀行交付現款。或（乙）用中國國庫券或中國銀行公會支票，分十二年還款，但得於三年後先行付清；又中國可選雇日本工程師一人。

於是為打破僵局計，為促成山東問題之解決計，亦為保全華會本身計，許士、白爾福二人，會同設法斡旋，約兩國代表，分別與作非正式晤談。是月（一月）十八日，在白爾福住所，接見日代表，接受其最後讓步的提案：大旨用中國國庫券贖路，為期十五年，得於五年後先行付清；又雇用中日會計長各一人，在中國鐵路督辦指揮之下，行使同等職權，又在中國督辦指揮之下，雇用日本車務總管一人等等（即《山東條約》第十八、十九等條之規定）。旋於同月十九日及二十二日在許士住宅，接見我三代表，力勸我接受此項解決辦法。許士言：日本放棄其中日合辦膠濟路原來主張，實為對華極大讓步。現在膠州與膠濟路，事實上歸日本占領，若不經雙方協議解決，勢須用武力逼令撤退，故不如照此結束。白爾福並稱：該路於五年後，即可全歸中國管理，為期甚短，請加熟慮。我代表力為置辯。並說：山東省我國人口有三千七百萬人，日本人僅有二萬人，故膠濟路之管理權，應歸我國。但英美兩代表，仍力勸接受日本提案。同時該兩國政府，分電其駐華使節，向我政府作同樣勸告。並謂：中國若不予接受，以致談判決裂，發生困難，美國勢難援助。而一月二十五日，哈丁總統接見施使，則謂中國若不趁此機會解決，或致失去山東省，亦屬可能。嗣我代表奉政府訓令，接受日本方案。膠濟路問題，遂告解決。其他各項，亦經先後議妥。乃由兩國代表團整理條款，分別送交大會。經主席許士在二月一日第五次全體會議宣讀後，正式存案。同時，英代表白爾福宣言：英政府願將威海衛租借地交還中國[3]。遂於是年即一九二二年二月四日，由中日二國各代表在華京簽約。許士、白爾福亦皆親到會場，以示贊助而伸慶祝。

是年六月，山東條約生效。同年底，膠澳租借地及青島埠，先後交還我國。日本駐軍，亦分期完全撤退。膠濟鐵路，於次年即一九二三年一月一日交還。至鐵路及其附屬財產之價值，經雙方確定為日金四千萬元。我國向日政府發國庫券，照票面交付，年息六釐。此項辦法，有人譏為「變相借款」。並謂「完

[3] 法代表亦曾聲明：原則上願意將廣州灣租借地有條件的歸還中國，但仍須俟其他各租借地均各歸還後，始能實行。奈日本堅持不肯將旅大還我，故直至一九四五年八月間，法國方允將廣州灣交還也。

全與其他借款自辦之路，無大差異，不過改稱債券為國庫券而已，此等朝三暮四之辦法，純屬自欺欺人」云云（梁《年譜》下冊二〇七頁）。然此為切合當時實際情形的惟一辦法，因而收回膠澳，即所以保全魯省；況國際爭執事件，若不用武力而以外交方式解決，每有雙方相互遷就之處，亦屬難免，此則惟有權衡輕重，求其無損主權而已。至於贖路金一節，前次所謂業由國人招足者，絕無其事。至是復公開招股，冀圖早日償款贖路，無如入股寥寥，終於無成。至我國對於日款之利息至一九三七年六月止，如數付清，未及還本，而中日戰事發生，山東條約因我國對日宣戰而與其他中日間條約同歸取消矣。

（二）九國公約

當時國際空氣，於我較為有利，然我國內情狀，頗不安定。我之參加華會，則仍希望對於百年來不平等條約的束縛，至少稍微放鬆，亦不致變本加厲。而鑒於當年情形，仍須借重開放門戶政策，以冀保持我國的獨立與領土完整；換言之，欲於維持現狀之中，求情形之不更惡化。因此提出基本原則十條於一九二一年十一月十六日太平洋遠東委員會（以後簡稱委員會）第一次開會時，由施代表經手提出。其最主要四點：為（甲）尊重我國領土完整；（乙）我國全國實行開放門戶；（丙）對於我國政治上，司法上，行政上行動自由之限制，或即時解除之，或俟情勢許可時解除之；（丁）以後太平洋遠東區域內，倘有國際問題發生，隨時召集會議，和平處理云云。

委員會於討論十原則提案時，法國首席代表白里昂（Aristide Briand）（時任法總理）謂關於中國領土完整一層，須先明定中國與他國的國界，乃舉中國與法屬安南長一千五百公里之國界為例。美代表羅脫一面自告奮勇，願依據中國提案所包括之各項原則，另製提案，俟下次開會時提出；一面利用法代表的所說，認為此即是「什麼是中國？」「What is China?」的問題。因言他（羅脫）的看法，中國應分為中國本部與中國享有宗主權的地區，而正由彼擬製之提案，在初期當以中國本部為實施範圍。蓋羅脫看法，東三省雖為我國主權所在，乃與宗主權無殊。此則可能一種誤解，但彼視東三省為非我國本部，雖未明言，其意在此。當經顧代表告以我國憲法，規定我國領土，包括本部與一切周圍領域在內，此點乃不復提。然《倫敦泰晤士報》（一九二一年十一月二十六日社論）

竟言：華會必須先解決「什麼是中國」的問題，然後能解決遠東問題；同時並謂因此法代表對中國代表之是否代表全中國有所致疑，實則白里昂並無此說法也。

羅脫所擬原則四條，在委員會十一月二十一日第三次開會時提出。該草案臨時分送，即我國關係最深，亦僅於開會前見稿。迨既提出，短短兩小時，即已通過，並無多大討論。該四條大致（一）尊重中國獨立以及領土與行政的完整；（二）予中國以最充分及最無礙的機會，俾得發展並維持有力穩固的政府；（三）在全中國境內，切實推行各國工商業機會均等原則；（四）勿利用中國現狀，營謀特別權利，以致減少友邦人民的權利，亦勿獎許有害友邦安全的措施。當討論時，顧代表發言，大旨謂該四項原則，似以現狀為出發點，但對於有妨害中國主權之處，是否無永久維持之意？請主席予以解釋。許士答謂顧氏所指，乃是特種問題。既而白爾福以第四項用有「安全」字樣，很天真的詢問，何以牽涉他國的安全？亦經許士予以不得要領的答覆，同時，英代表團中有人向白氏附耳，切切私語，遂不追問，而得通過。該四原則之列入九國公約，有「中國以外之簽約各國應允」字樣，我代表當時未加深究，其原因或在於此。

緣在一九一八年至一九二〇年間，成立美英法日四國銀行團，經辦對華貸款事務。日本以滿蒙某處地方，有關日本的國家安全與經濟安全主張予以除外，不在該銀行團活動範圍之列。此層經過日本與他三國長時間的爭持後，該三國向日本保證，該銀團不採取亦不獎許有礙日本國防與日本經濟的措施。羅脫第四原則「安全」字樣之出典在此。其首句不減少友邦人民權利云云，乃蘭辛石井換文時日本所密許美國者。是以該款來源，全出日本，而為羅脫所讚許，本不出自委員會的主張。羅脫嘗語顧氏，謂日本在滿洲之地位，如此鞏固，除用武力外，無法將其驅出。故該第四條一方面維持日本在東三省之權益，他方面以不妨礙他國的既得權益為交換，其為重視現實，意至明顯。

《九國公約》，有人稱為「開放門戶條約」，蓋開放門戶政策，原為各國間雙方條約上之擔任，至華會訂約而始有多邊條約性質。總之，《九國公約》雖然打消以前勢力範圍的觀念，但實質上，是遷就而維持現狀的，並非除舊布新的。其我國十原則之匆匆提出，與羅脫四原則之列入公約，以及山東問題我代表對於付現贖路之主張，並不堅持到底，皆致各方之不滿。自該公約簽訂，不到十年，日本違約，並違背《國聯憲章》與《巴黎反戰公約》，實行對我節節侵略，國聯既無法阻止，即根據《九國公約》召集之比京會議，雖在美政府領導之下，亦復一籌莫展，至此而該公約乃與《國聯憲章》同成廢紙矣。

（三）關稅條約

華會開會前三星期，我國送交美政府草擬議事日程，列有收復關稅自主一項。經許士於接晤施公使時，說明可在中國行政的完整項下提出。該問題原定由施氏經辦，施氏以擔任《九國公約》，頭緒紛繁，未能兼顧，乃改請顧氏兼管關稅案。顧氏於是年十一月二十三日委員會第五次開會時，正式提案。基於國權及財政經濟各方面的理由，要求收復關稅自主權。但以需要相當時期，故提議從一九二二年一月一日起先將進口稅率定為值百抽十二．五，在此範圍內，可酌定普通貨物與奢侈品分別抽稅。提經大會討論，會場空氣，對我不見同情，乃付分委員會詳細討論，再行決定。

倫敦《泰晤士報》，於此特著社論（即前指之一九二一年十一月二十六日一篇），對我政府及我代表此舉大肆詆諆。且謂顧氏受西方教育薰陶，其英文無疵可摘，而又善於運用辭句，左右輿論。「在不諳中國情形之人，聽了中國外交家的辭令，不免受其蒙蔽，然而知道亞洲人心理之人的看法，則認為東方的外交家越是西方化，越難得東方人的信任。」當時西方各國尤其是英國輿論的對我不同情，於此可見一斑。

關稅分委員會，由美代表恩特梧特主席。自是年十一月二十九日起，至次年一月四日止，共開六次[4]。第一次開會，顧代表根據六日前在委員會所為之說明，提出六點，分作幾個步驟，為（一）立刻增稅至值百抽十二．五。（二）廢止釐金，同時增抽某某種附加稅。（三）確定關稅自主時期。此外則當時條約上的稅率，名為值百抽五，但以商情之變遷，與物價之增高，其固定之從量稅率，並不隨以俱增，事實上僅得值百抽三而強，故本須隨時修正，俾符切實值百抽五之數，此則當然應辦之事，無待規定，故提案中並未提及此層也。然歐美諸國代表，起初亦嘗相當努力，設法令我稍得滿意而未成。十一月三十日分委員會第二次開會時，英國代表鮑登（Robert Borden）（加拿大）提議：立即

[4] 關稅分委員會，英文名為Sub-Committee on Chinese Revenue。我每次隨顧代表到會，自作英文記錄，較官方會議錄詳。曾由我譯經北京財政部印行，惜手邊無此冊，他處在查詢亦未得。我記憶所及，取其確實可靠者，偶仍引用，大概均依據官方會議錄。

進行修訂稅率，至切實值百抽五，過四年再修訂一次，然後根據第二次修訂的稅則，加二釐五，為值百抽七．五，並指定奢侈品若干種，另加附加稅。於是日本代表小田切、萬壽之助（Masunosuke Odagiri）（日本某銀行經理，於一九〇三年商訂中日商約時曾任代表）宣讀說明書：謂二五加稅將使日本工業受不利之影響，且將增加消費者之負擔，亦必不利於中國人民，因此不能贊同。既而我代表暨其他各國代表先後表示贊同。主席因詢日本代表，鑒於會場的空氣，有無其他意見發表？該代表略示躊躇，乃檢出甫經宣讀的說明書，慢慢的低聲的重讀一遍，輕輕放下，目不旁視。於是全場寂然無聲者幾秒鐘，主席宣告散會。鮑登提案，遂為日代表一人所否決。

我當時很不痛快，但發生一種感想，覺得日本出席國際會議的代表，大多數外國語非所長，訥訥如不出口，遇有難題，非謂須商諸專家，即說當請示政府，與我國外交家之應答如流者，其靈鈍奚止千里。當然日本外交，有其國力為後盾，然其外交家遲笨的口吻與姿態，自有其妙處，自有其作用，未可一笑置之。

此後一個月間，鮑登與分委員會主席暨中日二國代表以及他國代表，分別非正式接洽，結果製成條約草案，提出分委員會。凡在國際會議，尤其是在委員會或小組會議中，遇有爭持難決的問題，其慣用的應付方法，在覓循抵抗力最小的路線，或則避重就輕，以期減少摩擦，或則設法延宕，藉以等待時機，兩者俱用，亦無不可。是以此次討論關稅問題之惟一結果，即為修訂現行稅率，無須等候條約之批准，至附加稅問題等等，須俟簽約各國均予批准後，在中國召集特別會議討論決定之。

當時設有起草分委員會，由羅脫主席。凡條約及議決案文字需要整埋潤色者，送歸經辦。我國由施、顧、王三代表，視其經手事項，分別前往出席。關稅條約部分，則由顧氏擔任。一九二二年一月十四日，該分委員會第十次開會，整理關稅條約條文。關於特別會議地點，有所討論。緣草約本規定在北京召集，荷蘭代表貝拉此（Jonkheer Beelaerts van Blokland）（曾任駐華公使）謂：商情物價，在上海易於搜集可靠資料，故主張集會於上海。主席答稱：北京駐有各國使節，可與中國外交部就近接洽布置，故草約指定北京。英代表葛的斯（Auckland Geddes）稱荷蘭代表的建議，自有理由，但地點一層，似可聽由中國政府決定。於是羅脫說：可能北京與廣州欲爭作主人翁（見本書〈我與謨亞教授的師生關係〉，原載《傳記文學》第八卷第五期）。羅脫的話，當場引起了笑聲。旋以顧代表提議，改以「中國」替代「北京」字樣，庶幾依照國際慣例，國際會議之地點與召集日期，統由召集會議國政府，商同其他參加各國酌定之。[5]

一九二二年一月五日委員會第十七次開會，關稅條約提出通過。顧代表起讀宣言：基於政治、財政、經濟、社會及道德各方面理由，重申並保留恢復關稅自主權要求。聲稱中國代表團，此次雖接受關稅條約，並非放棄該項要求，日後遇有適當機會時，當再提出云云。此項宣言，為我國重要外交文件之一，其後特別會議召集，據以重申要求，為日後收復關稅自主權張本。此件顧氏亦用英文起草，我為譯出，皆見民國二十年我所編之《顧維鈞外交文牘選存》。英文又見我所撰的〈中國在華盛頓會議英文篇〉附件。

《關稅條約》，於一九二二年二月六日，由九國代表在華京簽字。經我政府及他國先後批准。獨法國以庚子賠款，我國主張用紙佛郎付款，法國主用金佛郎，相持甚久，是為金佛郎案。直至一九二五年間，我國讓步，允用金佛郎付款，該案解決，法政府始於是年七月批准。乃由我政府召集特別關稅會議，

5 我於該起草分委員會，亦每會到場，自作英文記錄，在我手邊，但從未譯出。上段所說，參閱官方會議錄，僅用「經討論後」after discuassion字樣，包括一切，故為詳載於此。

於是年十月二十六日，在北京開會。我方固注重附加稅問題，而基於顧氏前項宣言，尤注重於自主權之收回。與會各國，除九國外，尚加入西班牙、丹麥、瑞典、挪威四國，共為十三國。其時段祺瑞為臨時執政；派沈瑞麟、王正廷、黃郛及他人為代表。半載集會，內戰頻仍，甚至會議所在地之首都，亦曾一度宣布戒嚴。次年即一九二六年四月，段執政被逼下野，該會議遂解散。然仍有顯著的成績兩端，今為摘要條列於左：

（甲）一九二五年十一月間通過議案一項，各國承認中國關稅自主權，允將限制關稅的條約廢除，並允許一九二九年一月一日起中國政府實行國定稅則；同時我國裁撤釐金。

（乙）我方曾擬定附加稅草案，提由美英日本三國代表團於一九二六年三月二十五日會同修正，提有共同對案，將應付進口稅的貨物，分為七類，分級抽稅，從值百抽七・五起至值百抽二十七・五。

同時廣州方面，不待會議完成，亦不顧各國抗議，首先開徵二五附加稅，他埠相率仿辦。英政府素主現實外交，曾於一九二六年間，幾次提議，確認既成事實，允許中國立即無條件的徵收華盛頓附加稅，終以各國意見不一致，未能實現。

國民政府成立後，美政府首倡以關稅自主權歸還我國。民國十七年七月二十五日，財政部長宋子文與駐華美使馬慕瑞（John V. A. MacMuray），在北平簽訂「整理中美兩國關稅關係條約」，將該二國間關於關稅及其他類似事項各條約，悉行廢除，承認中國之關稅自主權，然仍受最惠國條款的限制。換言之，即以其他各國皆各承認為條件。既而他國先後承認，日本乃為接受新政策之最後一國。我政府遂大致根據上面所說的美英日三國共同對案，於十八年二月一日起，公佈並實施第一次國定稅則（同時裁撤釐金）。至是而百年來不平等條約束縛，初次得到解脫。可見收回關稅自主權之舉，須經過不少階段。譬如種樹，始種於華京會議，至特別會議而開花，至國民政府北伐統一而後結實焉。

（四）其他事項

華府會議關於太平洋遠東部分，除太平洋島嶼及東部西伯利亞數問題外，幾乎全部議程，均為我國問題，一若全部不平等條約，從性質簡單的事項，如外國郵局及無線電台之撤除，以至複雜問題，如治外法權之取消等等均經送會徹底審查，以期悉予廢除。其討論結果，除上述三種條約外，其餘皆以議決案的方式，提由大會通過，共凡九件。然除客郵及外國無線電台經決定撤除外，餘均仍為懸案如故。茲更將有關事項四端，簡述於後。

（甲）英日盟約與蘭辛石井換文

《英日盟約》，為我國所痛恨，而美國所不滿。原不在華會本身討論範圍之內，當開會期間，由英美法日四國，同時舉行談判。於一九二一年十二月十三日，簽訂《遠東四國協定》，以保證該四國在太平洋所屬區域及所屬島嶼之安全，遂將英日盟約宣布終止。又蘭辛石井換文，亦由美日二國政府在一九二三年四月間，換文廢除。

（乙）二十一條要求問題

我國歷來主張，凡根據二十一條要求，而產生之條約換文，應概予廢除。巴黎和會，既置不理，復向華會提出。經日本代表幣原聲稱：倘果如中國之主張辦理，必將影響一切國際關係，造成危險先例。我代表王寵惠駁稱：日本無端以該要求威逼我國，危險先例，實自日本開之。結果，日本將二十一條中原提之第五號各項要求確定撤回；同時又將滿蒙築路借款優先權等等宣言廢棄，而以公諸國際銀團。按此項優先權，日本已先得英美法三國政府事實上之保證，復經羅脫原則之確認，已如上述，故雖廢棄而效等於零。至原提第五號各項，例如中國須向日本採辦一定數量的軍械，又如指定中國必要地方之警察，作為中日合辦等項，干涉內政，侵犯主權，不啻視我為他的保護國，當時我本堅不接受，日本亦覺悟時機未到，操之過急，亦或原來故意抬價，以做弄最後讓步的姿態，故於致我最後通牒之際，作為保留。至是乃正式撤回，並非對我真有讓步。而其他各項，復堅持不肯取消。換而言之，其最主要一端，即日本在滿洲地位位毫不予變更。華會既不予我支援，即不啻對日增添一重保障。直至第二次世界大戰終止，日本從滿洲撤退，而後二十一條案始告完全結束。

（丙）租借地問題

在六七十年前，俄德英法日本各國，相率用租借地方式，實行其瓜分中國政策。華會時，德國之膠州灣與英國之威海衛，先後歸還。惟日本之旅大與法國之廣州灣，均不肯放棄。至於今日，各該租借地，先後悉行收回。現尚有英國九龍租借地，可能須與香港問題將來同時解決。

（丁）治外法權問題

治外法權，無疑的，是對我國司法及行政方面最嚴重的束縛。本世紀初年，我即欲設法解除，奈各國總以我國改良司法為先決條件，不肯接受我的要求。在我亦未嘗不為種種努力，例如頒佈新法律，設立新法庭新監獄，以及造就新的司法人才等等，但取消目的始終未能達到。華會開會，我要求明定取消年限，亦未成功，而僅得通過議決案，規定日後設立調查委員會，對於領事裁判制度之實施狀況，以及我國法律與司法制度等等詳細調查，作成報告，提出建議。迨關稅特別會議開會，以次年（一九二六年）一月間，成立法權委員會，由參加關稅會議各國，派員共同組織。於是分組出發到北平、太原、漢口、上海、大連、瀋陽及他處，實地調查，以同年九月間，草成報告，純屬延宕性質，毫無結果。其後有數國條約期滿，我與商洽取消領判權，亦復不得要領。我政府並曾一度作片面取消計畫，亦未實現。迨第二次世界大戰，我為聯盟國，英美二國，乃發起與我商訂新約。於一九四三年一月十一日，在重慶、華盛頓分別簽約。其他友邦，亦先後相率照辦。於是一切不平等條約，概予取消，我國外交遂得開一新紀元焉。

我於華附會議的收穫，一為山東懸案的解決，一為恢復關稅自主權之得有基礎，實無其他成績可言。猶憶一九二二年一月五日太平洋遠東委員會開會時，美代表恩特梧特於聽到顧氏的關稅自主權宣言後發表意見。大旨謂：中國於取消各處軍人專政而成立代議制度的政府以後，他國與中國外交關係間，相信中國政府確有充分的放手的統治權，則中國收回主權之各種願望，可冀實現云云，他國代表於別次場合中，亦有類似的說法。甚至有增加稅收徒然助長內亂之論調，而當時對我不同情的輿論界，則更過甚其辭。然對於含有忠告性的評論，雖或言之過激，在我未嘗不虛懷諒解而因以自省也。我亡友階平之言曰：「不平等條約，已成歷史上陳迹，痛定思痛，追溯前因，亦未能完全歸咎於外力之壓迫。語曰：人必自侮也，然後人侮之，國必自伐也，然後人伐之。」又曰：「前事不忘，後事之師。我國人其深長思哉！」（錢泰著《中國不平等條約之緣起

及其廢除之經過》第一八〇頁。此書國防研究院於五十年六月印行）

（原載《傳記文學》第九卷第三期）

舊國聯如何受理我國對日本的聲訴

（一）引言

民國二十年九一八瀋陽事變，經遠東國際軍事法庭查明，是日本關東軍一部分軍人多年陰謀的實現。就中高級參謀大佐板垣征四郎（Seishiro Itagaki），尤為幕中重要角色[6]。其祕密策劃，在東京軍政方面，至少是知情的，即日皇亦臨變遣使詰誡而未及阻擋，可見亦已多少上達「天聽」了。

是日，即九月十八日夜十時半左右，依照預定計畫，派由關東軍分遣隊隊長，帶同日兵七八人，將瀋陽柳條溝鐵軌炸毀卅一英寸，過十分鐘，從長春南下之火車，跳躍過軌，準時到站。日本以炸軌加罪我方，用晴天霹靂的手段，佔領瀋陽及其他城市，國聯調查團稱為準確迅速，即此項計畫預為製定之謂。而大規模的侵略於以發動。

6 板垣於樹立偽滿洲國及汪精衛偽政權，皆擔任主要任務，並曾任陸軍大臣暨其他要職。戰後經談國際法庭審訊後，與他戰犯六人，同時判處死刑執行。

關於瀋陽事變陰謀之性質，背景及實現，以及當年有關各國內政外交，因果相乘，錯綜狀況等等，我友梁和鈞（敬錞）君的傑作《九一八事變史述》，廣徵轉引，分析詳明，其見解有獨到處，願讀者人手一編，藉供研討[7]。

梁君根據三十年來陸續發現的史料，列有證據六項，以明肇屻責任之在日方。內有一項如次：「三宅光治在莫斯科法庭之供詞[8]：三宅說：炸毀鐵軌之事，我只據屬下報告，未予調查。我推測此事，當是日人著上中國軍服所為，本莊繁司令官同意我之推測。」此際我欲補充幾句：緣一九三九年九月一日，希特勒進攻波蘭之前夕，儘量做宣傳工作，一方面表明德國對於德波爭端，如何力求和平解決，而皆被波方拒絕，他方面指責波蘭如何對德挑撥，不惜以武力相周旋。因密令黑衣隊員，身穿波蘭軍服，在兩國邊境，做弄對德尋釁的姿

7 英文讀物中，可先參閱下列兩種：（1）Robert H. Ferrell, *American Diplomacy in the Great Depression: Hoover Stimson Foreign Policy, 1923-1933* (New Haven. 1957.) chapter on *The Mukden Incident* pp.120-137.（2）Takehiro Yoshihashi, *Conspiracy at Mukden: The Rise of the Japanese Military* (New Heven. 1963.) *The Mukden Incident*, I, pp.1-10 and II, pp. 151-218.

8 梁書（簡稱）二二頁原註⑬：三宅光治，係九一八時關東軍參謀長，一九四五年為蘇聯所俘獲。此一供詞係於一九四六年二月二十六日，在莫斯科法庭上作成，今見東京裁判訴訟記錄證件六九九號。

勢，同時，從集中營裡，挑選孱弱囚犯，施以麻醉，送往出事地點，聽其倒斃，即誣指為波蘭兵殺害德人。若有需要此種犧牲品時，函電接洽，用 eanned goods（罐頭裝品）字樣為暗號。是年八月三十一日晚間，假裝襲擊葛拉維茲（Gleiwitz）德國無線電臺之舉，是尤為明顯的一例。此其用心之狠毒，手段之卑鄙，東西兩暴，真堪伯仲，其先後同歸失敗，醜行罪證，法庭自供，身敗名裂，其受禍之慘，亦且如出一轍，此真歷史上之嚴重教訓也。

日本軍人之祕密陰謀，李頓調查團固無所知，故其報告書對於炸軌一節，只是籠統說法，既未明言何方所為，亦不認為一種事件（ineident），而日人的軍事行動，當然不視為合法的自衛行為。李頓於其報告發表後約二旬，在倫敦演說，言本團同人對於究竟有無這事件，甚覺懷疑[9]。抑日人施炸事實，假定果為調查團所查到而揭露，是非曲直，固可大明，國際輿論，固可增加其對我同情心，然日本是否因而稍戢其野心，稍減其暴行，美國與國聯，是否因而對日施行制裁，以制止其侵略，仍屬一種疑問。

9 Lord Lytton's address, The Problem of Manchuria, which was given at Chatham House, London, on October 19, 1932, was reproduced in the issue of *International Affairs, Vol. XI No. 6, November 1932*, p.740.

然何以日本人必於是年發難乎？和鈞於此曾作一細密的答案，鄙人看法，大體相同，但有稍稍充實處。蓋就當年世局背景言之，歐美各國，面臨經濟金融大恐慌，人心惶惶，不可終日。英國於瀋陽之遭轟轟，不若其對於金鎊拋棄金本位一事之注意。美國則國內孤立派抬頭，國外太平洋海軍力量，尚待充實。蘇聯政局，正多暗潮，建國計畫，亦未完成。日內瓦的國聯，純屬無足重輕。更若就中國言之，國民政府成立不久，內部情形複雜，天災人禍，困難多端。更就東北言之，張學良拒絕日人脫離中央之勸告，而積極擁護國府，正進行加緊合作中。在此波譎雲詭的局面之下，竟造成了有利日本千載一時的機會，認為千萬不可放過。而其基本原因，端在日本和自身，蓋日本民族善組織，能團結，做事徹底，努力進取，富於國家觀念與尚武精神，崇拜天皇，服從命令，戰場效命，奮不顧身，有「寧為玉碎，毋為瓦全」的決心。然日人性情冷淡，胸襟狹窄，缺乏幽默的風趣與寬宏的度量，是其短處。自經過中日、日俄兩次戰役之後，直認遼東半島，為日本人頭顱血肉換來的代價品，公然稱為既得權益。於寖假而擅自擴大其範圍，造作南滿、東蒙諸名稱，唱為滿、蒙生命線之說。於以開發資源，充實國防，北以企圖伸張勢力於西伯利亞，南以窺伺中國本部，進而稱霸東亞，以實現其大陸政策。至其實行方案，今日為田中積極政策，明日為幣原忍耐外交，此則策略有剛柔，有緩急，因素有真偽，有遠近，而處心積慮，慘澹經營，則數十年來，政府人民，初無二致。於是內則運用雙重政府畸形制度，外而沾染法西斯的獨裁風氣，軍人政客，恣睢跋扈，為所欲為，即無九一八之變，亦終有爆發之一日，及今回溯既往，推測將來，不禁為之惴惴。

真因偽因之說，唱自和鈞，其說頗精，以為瀋變真因，是（一）太平洋軍事形勢之暗換，（二）中蘇關係之起落，又（三）滿蒙分離運動之絕望；而經濟壓迫說，中國非現代國家說，以及滿蒙懸案（包括中村事件在內）等等，皆屬偽因。我的愚見，則以為先有日本自身之基本原因，而後外來因素，有以造成機會，或竟促進發動，或僅資以藉口，形形色色，似可概稱為偽因，不過偽中或尚可細分真偽耳。

瀋陽事變消息傳出後，次日即九月十九日，行政院副院長宋子文與駐華日使重光葵（Mamoru Shigemitsu）會晤，有組織雙方聯合委員會之主張，自是一度試覓直接交涉途徑的努力。我方嗣得確報，此項事變，係日方大規模軍事行動，決非地方事件，遂予取消[10]。亦以其時群情憤慨，政府重視民意，本無直接交涉之準備及其可能。又當瀋陽形勢緊張之際，我國當地軍官，事前原已奉到張學良力避衝突的祕密電令，故當事變突起，我方擁重兵而不抵抗，遂有「不妥協」、「不抵抗」及「不撤兵，不交涉」種種口號，乃於無辦法之中，決定向國際聯合會聲訴。茲將此一段歷時八年的外交史實，即我國如何聲訴，日本如何強辯，國聯如何受理，又美國如何應付，種種經過情形，試作一簡要的分析與記載。

（二）一九三一年九月間行政院會議

一九三一年九月十九日（星期六）下午，國聯行政院召集第六十五居會議，西班牙外長賴爾樂（Alejandro Lerronx）為主席。其時英國麥當納（Ramsay Mac

[10] 關於此段事經過，我於所編《中國與國聯》（英文本一九六五年紐約聖若望大學出版）書內的記載，是根據國聯暨我國官方文件（見該書Note 13）。梁君的記載係根據東京裁判證件（梁書一一二頁）。關於何方提議，以及聯合委員會之任務，兩說有殊，讀者辨之。

Donald）工黨內閣，適改組為三黨聯合政府，外長雷定（Marquess Reading）派由薛錫爾（Viscount Robert Cecil）出席該會議。薛錫爾為《國聯憲章》主要起草人之一，主張集體安全，反對侵略，同情於被侵略國。但認為要制止日本，國聯必須取得美國之充分合作。

中國甫得是年大會一致票選，為九個非常任理事國之一國。就近派駐英公使施肇基出席行政院會議，施氏為我國外交界前輩。日本代表為芳澤謙吉（Keukichi Yoshizawa）。芳澤為犬養毅（Tsuyoshi Inukai）之婿。曾任駐華公使，熟悉我國情形。時適調任駐法大使。其人舉止拘謹，語言遲鈍，為標準的日本式外交家。英國話謇謇如難出口，法語尤差，有人說這是他爭取時間及躲避難題之一種慣技。其時歐美各國政府，初以為芳澤是忠於幣原外相之人，卻不知其實為軍人出力。迨是年十二月，民政黨若槻（Reijiro Wakatauki）內閣既倒，政友會犬養毅內閣繼任，芳澤升任外交大臣。是日晨，瀋陽事變消息傳至日內瓦，行政院主席勸芳澤下午到會報告，芳澤初尚躊躇，繼允照辦。開會時，芳澤先發言，謂其政府正竭力令事態限於地方性。施代表聲明非中國方面所啟釁。兩代表語皆簡單。

是月二十一日，我政府根據《國聯憲章》第十一條，向國聯提出聲訴，要求三點：（一）此項危害國際和平之局面，制止其再擴大；（二）回復原狀；（三）確定日本對中國賠償之性質及數額。該提案係根據一九二五年希臘與保加利亞兩國間邊境衝突的先例。其年，希臘軍隊侵入保境，保國向國聯聲訴，行政院限令希臘撤兵，同時判令賠償，希國次第照辦結案，為國聯得意之筆。然此事為歐洲兩小國間邊境衝突，英法兩大國一致堅決主張，預料希臘必然聽命，且決不會引起大戰，故能迅速滿意解決；至於瀋陽之變，牽涉廣而糾紛多，其嚴重性什百倍於希保事件，當然不可同日而語。

同時，我政府根據一九二八年《巴黎非戰公約》，照會美政府，謂美國為該公約發起國，現在日本故意違約，相信美政府必深切關懷等語。其時美國暫取冷靜監視態度，不獨國聯活動，絕不與聞，亦無引用非戰公約之意。

《憲章》第十一條之目的，在以和平方法解決國際紛爭，根據該條所為決定，須經全體理事國同意，連同當事國在內，其困難自可想像。然我政府既決意走國聯那條路，則予以信任，願遵守其決定，並勸全國軍民靜候公理之判斷。故不論在行政院或特別大會，我國之政策與立場，是始終貫徹的。

是月二十二日行政院開會，日代表聲言日本出兵，純屬自衛，現已開始撤至南滿鐵路區域，仍以日人生命財產安全為準。我代表催促撤兵，謂在行政權警察權恢復地點，中國負責保護日僑。兩國代表，均表示當盡力勿使事態擴大惡化。日代表主張直接交涉。施代表言本國領土，正被他國軍隊佔領中，而與開始談判，有自尊心的國，不肯用此[11]。芳澤因言有中國政府大員，正在布置直接交涉，蓋指重光葵與宋副院長的會晤，如上文所述。施氏散會後，接本國電告，即致函國聯秘書長，聲明此議業已取消。是日，主席根據兩國代表的申述，以行政院名義，向兩國作一緊急電籲。同時以薛錫爾之提議，將行政院會議錄及其他有關文件，隨時送致美國政府，眾無異議。此節當時並未引起多大注意，直至邀請美國派員觀察一問題發生，而後始悟英代表用意所在也。

是日又決定由主席會同英、法、德、義四國代表，繼續處理。五國委員會於次日（二十三日）整天祕密討論，亦隨時聽取中日兩代表的意見。施代表以他在行政院會議時所為之說明，日代表每指為與事實不符，故提議由國聯組織

[11] 中日二國及他國代表的說明，皆依據國聯議事錄，此後不更註明。必要時另添詳註。

委員會，派往滿洲實地調查。五國委員會贊成此議。以英、法二國武官，其時適在瀋陽，故主張即派該二員會同美、德、義三國當地領事，擔任調查。芳澤晨間表示異議，經薛錫爾力勸後，稍有重加考慮的模樣。午後得訊，知美國務卿史汀生（Henry L. Stimson）亦不贊同，遂堅決反對，因無所成。史汀生看法，以為倘國聯違反日人意旨，而舉行調查，勢將惹起日人之忿恨，使幣原解決本案之努力，益增困難[12]。幣原喜重郎者，英美各國（尤其是美國），稱為手腕溫和，接近西方的日本外交家，當時身任外相，以為必能控制軍人，徐圖轉圜，但若國聯或國聯與美國合作之下，施以壓力，必致引起軍人反感，而益增其橫暴，則緩和派無從抬頭，局面益難收拾，故謂宜竭力避免，美國更以此見解轉告日人，此其用心固無他，特未免過分天真耳。

九月三十日行政院通過議決案，其主要點，為重申日本代表關於撤兵之聲明，大旨謂日本業已開始撤兵，仍視日人生命財產之安全，有效的保證，則日人繼續從速撤兵云云。我代表原主張限期撤兵，日代表力為反對，同時放出空

---

12 Henry L. Stimson, *Far Eastern Crisis* (Harper & Row, New York, 1936.) pp.42-44.

氣，謂倘不明定日期，可能於兩星期內完全撤回，故議決案有十月十四日行政院再集會之規定，實則史汀生亦不贊同限期撤兵。是日，芳澤首先接受議決案。施代表於未定撤兵日期，認為失望，但仍接受該案為解決爭執之初步工作，該議決案遂得全體通過。美政府於行政院是月二十二日之呼籲，很迅速的同情響應，曾兩次單獨分勸中日二國停止衝突，獨於三十日議決案，則遲至旬日後錦州情形危急之際，始作贊同之表示。

當日本政府發言人，外交家，暨報界方面從事大規模宣傳，以（一）日本因自衛而作軍事行動，（二）在滿洲領土野心，（三）竭力壓制事態，（四）業已著手撤兵至鐵路區域內，（五）儘可能從速全撤等語，昭示全世界時，關東軍在本莊繁司令官（Lieutenant-General Shigeru Honjo）指揮之下，正擴大其軍事活動，推廣其佔領區域，更利用撤兵須以日人生命財產安全為準的方式，不獨遲遲不撤，更從他處增調部隊。起初佯為撤兵，實則僅從一處調往他處而佔領地段愈廣，藉口自衛而需要軍隊愈多，斯保護日人問題，亦愈形複雜。日人既到處驅黜當地官廳，反指為無人保護。其時遼寧省政府暫遷錦州，錦州在瀋陽西南一百三十英里，距南滿鐵路最近處，亦有五十英里，乃日人視為威脅，宣稱張學良在滿洲的地位，必須完全消滅。此舉東京政府，初則反對，既而默許，終乃贊同。是年十月八日，關東軍派飛機往錦州，散布辱罵張氏的傳單[13]，並投炸彈。三、四十年以前，世界輿論，對於轟炸平民，尚視為最野蠻的行為。至是，史汀生及其他西方政治家，始稍有覺悟。十月杪，關東軍部將張學良私人物品，裝四百餘箱，從瀋陽運至天津，送還張氏，此雖小事，而其欲徹底消滅張氏東北勢力之決心，於此益明。

（三）十月間行政院會議

國聯行政院定十月十四日再集會，我國以形勢日益緊張，提議早開，因提早一日開會，法外長白里昂（Aristide Briand）主席。白里昂為商訂一九二五年《洛卡諾各項公約 Locarno treatics》之主要人物，主張與德國合作保障和平，嗣與美國國務卿凱洛克（Frank B. Kellogg）同為訂立一九二八年《非戰公約》之發起人。

---

13 該傳單稱張學良為that mst rapacious, want stinking youth, see The League and Manchuria, 2nd phase of *the sino-Japanese Conflict Geneva Special Studies, Vol, II No. 11, November 1931*, p.13.

又熱心支持集體安全制度。而熟諳國際會議議事程序。每當主持會議，遇有爭執，發言盈廷，見其閉目吸烟，一若不甚注意，爭辯既畢，彼乃扼要歸納，言皆中肯，遂以輕描淡寫的口氣，參加己意，語雜莊諧，引人入勝，聽者折服，如其意，覓取解決途徑，故以有權威之主席，著名國際間。是時美國放出空氣，謂此次行政院之會，倘決定邀請美國派員列席觀察，可以照辦。迨主席作此提議，芳澤堅持反對，主席因付表決，並謂國聯與美國合作之原則，業經上次開會通過，故此次提議，成為程序問題，只須多數表決，遂不顧日代表之反對而得通過。

美政府接到邀請，初擬於駐瑞士美國公使威爾遜（Hugh Wilson）或駐比美國大使吉卜生（Hugh Gibson）兩人中，選派一人。結果，派駐日內瓦美國領事吉爾卜（Prentiss Gilbert）充任。為欲減輕國內孤立派與反國聯派及日本軍人之反感，故選派職位較低之人員。是月十六日公開會議，吉爾卜發言，說明彼之任務，專為參加關於《非戰公約》之討論，至根據《國聯憲章》之設施，非美政府所欲問。芳澤聞言，點頭微笑。在場聽眾，初頗興奮，至是不無失望。次日英、法、西班牙及其他《非戰公約》簽約國數國，分別照會中日二國，請其注意於該公約必須以和平方法解決國際紛爭之義務。美政府以不欲居發動之名，故三日後始以類似照會分致中日政府。旋史汀生以吉爾卜任務已完，訓令退席。

行政院主席提案，規定日政府須於該院下次開會（十一月十六日）前，將日軍全部撤至鐵路區域內，一俟日軍全撤後，兩國開始直接談判。此為第一次規定撤兵日期，芳澤不接受，而對於日本在滿洲條約上的權利，作一長篇演說，並提出對案，要求中國根據關於國際間通常關係的基本條款，與日本開始直接談判，第三國不得參預，並言此為撤兵之先決條件。主席及他代表詢及該基本條款內容，芳澤不予答覆。迨付表決，日本對案，只有日代表一票贊成，當然否決。行政院的提案，經日代表一票反對，亦未通過。此次行政院提案，用提名方法付表決，在該院議事程序，此為僅見。既表決，白里昂宣稱案雖未經通過，然具有道德上之分量。乃美政府遲未表示，直至幣原條款公布後約一星期，始對於行政院催日本撤兵，表示同情，至於限期一層，史汀生自始認為過於強硬，亦竟不提及，但以解決兩國間懸宕問題為撤兵先決條件，即史汀生亦不以為然也。

（四）十一、十二月間行政院會議、幣原基也條款、錦州中立區國聯調查團

行政院休會第二天即十月二十六日，幣原發表基本條款五款如下：（一）彼此放棄侵略政策及侵略行為；（二）尊重中國領土完整；（三）凡有妨礙貿易自由及足以惹起國際間仇恨之一切有組織的舉動，一概予以取締；（四）日人在滿洲全境內經營之所有和平事業，予以有效的保護；（五）尊重日本在滿洲條約上之所有權利。並表示願與中國開始談判，以期恢復兩國通常關係，而將東三省日軍撤回鐵路區域。次日，日政府將此宣言，提出於國聯行政院。施代表電政府請示。政府當局，在主席官邸集會討論。一部分出席人員，認為日方此舉，可能是一個機會，不妨間接提出幾點，要求日方明白解釋，藉以試探其真意，隨後斟酌情形，作進一步之處理。亦有人言：甲乙二國，既未絕交，甲國既有調整兩國間通常關係的提案，若乙國不留餘地的拒絕，即負決裂責任。一時會場空氣，傾向於採取若即若離的態度。然另一部分人，則堅持不撤兵不交涉之說，主張拒絕。會有服務國聯某君，言於國府要人，謂宜支持國聯立場。

討論結果，電令施代表予以拒絕。

十月二十九日，白里昂以行政院主席名義，致函芳澤，首謂日本既認其在滿洲條約上之權利，有關日人生命財產之安全，何以日代表以前從未提及，殊堪詫異。繼謂日方宣布之五條款，首四款似已包括在行政院各項議決案內，至關於條約權利之第五款，中國代表曾建議關於條約上一切爭執之解釋，可依照《國聯憲章》仲裁或法庭解決之規定處理。但白里昂之說法與建議，日方皆不接受。迨十一月十六日行政院在巴黎開會，仍向中日兩方，非正式提出詳細方案，大旨擬由兩國間同時分別進行兩項談判：關於日人撤兵問題，在中立國人員觀察之下，從早在滿洲當地開始談判，至關於首四款種種問題，則擇歐洲環境較為安靜的地點，進行談判，但不得作為撤兵條件，至日人條約權利問題的談判，則於撤兵完畢後開始之，而所有談判結論，仍均須提由行政院通過。此項方案，自始即難望成功，既而日人在北滿軍事得勢，芳澤態度，益見強硬，遂要求中國無條件接受五條款，行政院之努力，終成泡影。

本屆會議，以白里昂事務過忙，無暇分身，是以定在巴黎開會。實則法國偏向日本，其代表政府看法之報章，公然稱讚日本為遠東有本領的警察。因此我國代表團及國聯秘書廳，皆不贊成巴黎。然與其日內瓦開會而無白里昂主持，不如在巴黎之有白氏為主席也。

此次中國代表，仍是施氏，日代表仍是芳澤。英國是年十月底普選，結果保守黨得勝。聯合政府需要自由黨員擔任外長，因以西門爵士（Sir John Simon）充任。西門長於分析事理，而短於當機立斷，每致猶豫不決，舉棋莫定，遂令他國對於英國的外交方針及其意嚮，視為高深莫測，因而惹起其在日內瓦與美京之同事的誤會，而與美國發生摩擦，則對於國聯當年處理中日事件，尤多不良影響。但此次行政院之會，西門甚少出席，仍由薛錫爾擔任代表職務。

此次美政府，派其駐英大使道威斯（Charles G. Dawes），往巴黎與白里昂及他代表隨時商洽，至是否及何時親到會場，則聽由道氏本人酌定。此君以一度製成德國賠款計畫出名，嗣當選美國副總統，對於遠東問題，頗為隔膜，為駐英日本大使松平恒雄（Tsueno Mataudaira）之好友，道氏認為國聯日本撤兵期限，應予取消。松平本人，亦派往巴黎，常偕同芳澤與道氏晤談。道氏住巴黎某旅館，接晤到會人物，居然喧賓奪主，四星期間，往法外部三次，從未到過會場，故當時有「當道威斯徘徊塞因河（Seine River）邊之際，正本莊渡嫩江北進之時」

之語。塞因河者，道威斯從其旅館到法外部行政院開會地點所必須經行之路也。

當各國外交家在法外部從容討論之際，日本為欲於最短期間，完成佔領滿洲全境，正循兩個方向進兵，一為從嫩江北攻齊齊哈爾（龍江），一為從遼河西南進攻錦州及山海關。於此兩方向，日人初次遇到的阻力，或為守土軍官之抵抗，或為美國方面之抗議，亦或二者兼而有之。既而齊齊哈爾終陷於敵。其在錦州，我國曾設法劃為中立區，以冀保存我國東北一隅之行政權與警察權。擬請由國聯派中立武裝部隊，駐紮該區，由日人向美、英、法三國及國聯保證不進佔錦州，庶以保全中國行政權。我代表以此議提出於行政院。同時顧維鈞奉命繼王正廷長外交，與該三國各使同樣接洽，轉達陳京。日方表示歡迎此項建議，然提出兩條件，一為第三國不得參預其事，一為日軍雖允不進中立區域，但在華北之日本兵民，受有生命財產危險威脅時，不在此限。正往返磋商間，本莊終於下令進攻錦州，於是史汀生初次向東京提出最嚴重抗議，以違背勿攻錦州的諾言相詰責。結果，本莊奉東京嚴令後，向小凌河退兵，固然離城極近，且僅為暫退，而實為關東軍初次亦末次服從日政府命令。可見美國態度，趨於強硬，則日本緩和分子，稍有抬頭希望，可惜四方各國之不早察覺也。

顧氏既就外長職，蔣主席曾下手令一道，以其有關當時我政府整個對日外交方針，特錄全文於左：

戰爭不僅限於有形之軍事，凡農工商業之戰與乎科舉經濟之戰，實較軍事武力之戰爭，其效更大，而外交上無形之戰爭，其成敗勝負之價值，則超於任何一切戰爭之上，而世人不之知也。軍事之戰爭，有以攻為守者，有以進為退者，亦有以守為攻，以退為進者，其奇正虛實運用之妙，固在乎為總領者之一心，而外交之折衝尊俎，其致力之遠，收效之大，有遠勝於軍事什百千倍者，亦在乎任之專而信之篤，使外交當局得以負責勇進，以收最後之勝利也。惜乎世人祗見有形之戰爭，而不知無形之戰爭甚於有形之戰爭，祗以目前之戰爭為戰爭，而不知今日之戰爭，乃在數十年以前無形中早已開始，戰爭不過發之於今日耳，且其勝負之數，亦早已決定於此數十年無形戰爭之中，更非自今日始也。然而過去勝負之數雖已判定，而未來戰爭之勝負，則可定之於今日也。語云失之東隅，收之桑榆，亡羊補牢，猶未為晚。今顧署部長就職於危難之秋，受命於存亡之交，深信其必力肩艱鉅，不辱使命也。惟軍旅之事，在於信任之專，故閫以外將軍主之，而外交之關係，甚於軍事，尤在於信任之專也。攘外必先安內，統一方能禦侮，未有國不統一而能取勝於外者，故今日之對外，無論用軍事方式解決，或用外交方式解決，皆非先求國內統一不能為功。蓋主戰固須先求國內之統一，即主和亦非求國之統一，決不能言和，是以不能戰固不能言和，而不統一更不能言和與言戰也。吾國當此內憂外患，軍事與外交之當局所恃者，惟有耿耿一片愛國之赤忱，竭其愚忠，盡其職責，至於成敗利鈍，非所逆睹，毀譽榮辱，更非所計，必須政府與國民信任之專，共同一致為國後盾，不求急功於一時，而策成效於來效，總理有云，操之在我則存，操之在人則亡，實為外交方針千古不易之遺教。特種外交委員會之外交方針，乃為今日惟一至當之方針，顧署部長當深體此意，懷乎遺教，布展其抱負，發揮其長才，俾我國外交得以轉敗為勝，轉危為安，庶不負政府與國民期望之般也。二十年十一月三十日。[14]

14 《蔣總統集》第五七七頁。

九一八事變發生後，吾國民情激昂，學潮澎湃。顧外長就任無多日，金陵大學學生數十人，到部請願，反對錦州中立區之議。要見顧氏，適顧氏往中央黨部開會不在外部。我以代理次長接見，謂非見部長不可，乃與黨部打電話，請顧氏返部。陳立夫先生接話，謂可請學生們往黨部，又不肯往。我乃請其派代表二、三人，在客廳接談，將其請願各點寫出，允為轉陳部長。代表出去解說後，言仍要我出見。我乃出去，同事施肇夔、楊永清、葛祖爐諸人，隨立我的背後。學生們代表，極言反對妥協外交。實則我的責任，只在轉達，相當簡單，請願諸君，不得要領而散。事後德濬（施君）說他見有人俯拾石塊而未擲。我卻並未注意，亦以我過度近視，雖戴深眼鏡，較遠地點，仍看不清楚。此後數日，學生們又幾次結隊成群來部，高呼口號，遍塗標語而去。至外傳搗毀房屋，則並無其事，亦無其他越軌行動。

行政院兩當事國談判的計畫，及錦州中立區建議，既皆終歸失敗，因討論停止軍事行動及國聯調查團兩事。中立調查，原為我方所提出而為日方所堅拒，曾認為對日侮辱。然此次巴黎之會，日方乃自己提請組織調查團。蓋九月底史汀生得幣原之同意，早經派員赴滿洲調查實況，報告美政府，他國官員，亦有同樣活動，故日方認為再由國聯調查，亦無不可。再者其時日方已不啻佔領全滿，正進行組織傀儡政權，預料調查團到達時，日本統治滿洲，已具基礎，既成事實，國聯將無可奈何。況其時我國擬進一步援引《憲章》上較有力量的條款（第十、第十五各條），國聯與英美方面，亦正非正式研究對日制裁問題，則既有國聯調查之舉，至少可望延長時間。抑日人於此，實含有更深的用意。蓋芳澤言欲求中日問題之根本解決，調查團必須對滿洲及中國本國的全盤情形，有準確的了解。彼更強調「中國本國」字樣，所謂中國是無組織的國家，其說伏根於此。當然我代表反對調查我國內部情形，故十二月十日議決案，對此並無明文規定，惟主席提案時，說明兩國政府如有特別需要調查事項，得提請該團調查，言外之意，頗為明顯。

迨議決案提出，日本代表要求之二點，即：（一）倘中日二國開始談判，則談判事項，不屬調查團職掌範圍，又（二）調查團不得干涉軍事行動，均經行政院採納。然於我國之撤兵要求，則除重申九月三十日之議決案及聲明日本撤兵保證不個調查而延滯外，並未規定任何期限，即草案內本有雙方切令軍事長官勿再擴大事態之語，亦以日代表反對刪去，僅用空泛之辭。抑日方不獨不允停止軍事行動，更進而要求剿匪權，雖經行政院反對，芳澤不再堅持，但於接受議決案時，仍聲明保留此權。因此行政院諸小國代表，鑒於大國無意並無力抑制日本之侵略，一味敷衍，造成惡例，故於議決案所用「特別情形」字樣，一致強調，以明「下不為例」之意。於是施代表發言稱：若謂條約憲章及國際公法之推行，到滿洲邊境為止，此則中國所不能承認。誠慨乎其言之！施代表復聲明保留要求撤兵及其他一切權利。故此次議決案除根據第十一條組織五人調查團外，別無其他貢獻可言。又下次會期，定明年一月二十五日。

道威斯原擬於行政院閉會日即十二月十日，俟議決案通過後，到會場露面一次，先已準備對錦州中立區一事，作一演說，乃以事前向史汀生用長途電話請示，未得要領，臨時取消，竟未到會。史汀生於國聯前兩次議決案，或遲遲不即有所表示，或僅作保留式的贊同，此次則於散會之次日，發表宣言，謂白里昂及其同僚，經過長時間磋商，辛苦艱難，處理確有進步。又特提《非戰公約》與《九國公約》，謂中日二國及美國，皆為該兩約簽約國，美政府於此，自有其直接關係與責任也。[15]

---

[15] Conditions in Manchuria, *United States Senate Document 55, 72nd Congress, 1st session*, pp.46-47

（五）史汀生不承認主義

一九三一年底，中日二國政府，均各改組。日本成立政友會政府，已見上篇。政友會比之民政黨，對於軍人的意旨，更多遷就，顧其時日本對滿洲對中國國策的決定，實際上已早歸軍人把持，至何黨及何人執政，實已無關緊要。然犬養毅嘗一度派人密訪南京，視察有無好轉可能，而無所成，旋遭軍人暗殺。其在我國，林森出任國府主席，孫科長行政院，陳友仁長外交。蔣公暫時退居奉化，不久仍回京主持軍政大計。林公繼續為主席，汪精衛長行政院，羅文幹長外交。

犬養毅登台無多時，關東軍即大舉進攻錦州，國聯及美英法政府，分向日本詰責，新外長芳澤答稱：日本是行使其伊在巴黎所保留的剿匪權而已。既而張學良軍隊，被迫全部撤至關內，錦州山海關於新年時相繼陷落，於是日軍可以北攻熱河，南窺華北，侵略範圍，日益擴大，局勢日益危急。史汀生得訊，且怒且憂。一日，遠東司長洪白克（Stanley K. Hornbeck），照例進其辦公室，接洽公事，見其異常憤激，乃言：今有瓷碟一套於此，錦州是最後一隻，日本把所有各碟一一擊碎，原為君所親見，則此最後一碟之遭擊破，亦不必如此生氣！

國務卿聞言大怒，一若將予免職，相對無言，旋歸鎮定。

史汀生對付日本審慎遲徊，估度錯誤，已於上篇簡略描寫。顧其人雖屬共和黨而為該黨政府的國務卿，其外交見解，卻不若胡佛總統（Herbert Hoover）之傾向孤立派。史曾對他的後任國務卿赫爾（Cordell Hull）說：「君是民主黨員，我乃共和黨員，但老實說，你我二人對於一切重要問題，無一件不可相與開誠合作，以覓取一致的解決辦法。」至於胡佛本人，說來也很奇怪，緣胡佛在前清末代，曾任清政府鑛業總工程師，嗣復遍遊各國，見聞廣而閱歷多，其對國際問題之見解，原非褊狹。況彼曾與威總統共事，頗附和其主張，乃於競選總統之際，忽加入共和黨，而為其候選人，以至當選。至中日問題發生，竟完全附和孤立派及反對國聯派人士的主張。又史汀生嘗擬對日經濟制裁[16]，胡佛不贊同，不得已而思其次，遂大致根據一九一五年日人對我提出二十一條要求時，美政府之對付日本方法，提倡「不承認主義」，實行一種消極的外交及道德制裁，即世所稱「史汀生主義」是也。

16 史汀生於一九四〇年在羅斯福總統（民主黨）任內為陸軍部長，曾逐漸實行小規模的對日經濟制裁，如限制鐵砂、石油之售予日本是。迨戰事發生，規劃布置，甚為出力。

是年（一九三二年）一月七日，史汀生以同樣措辭的照會，面遞顏大使惠慶（新到任）及日本大使出淵，謂違反條約（指《九國公約》與《非戰公約》）而訂立之條約協定，及造成之事實上局面，損害美國條約上之權利，包括中國的主權獨立或領土與行政完整以及開放門戶政策者，美國政府不能承認等語。先是於兩日前，史汀生已以該照會稿面示英法二使，希望兩國一致主張。其他有關各國，亦與同樣接洽。然美國不待英法答覆，並不候其同情支持之反應，先將該照會發表。英外部一月九日覆文，謂英國既是國聯會員國，不能依照美國說法，致牒中日二國。此項解釋，未經公布，當時無人知之。同時以英外部失察，於十一日發表官報，謂日本對於滿洲，業經聲明當遵守開放門戶政策，則英國無再送照會之必要。同日倫敦《泰晤士報》，登有社論一篇，謂英政府之作風，是有見識的。又說所謂中國之行政完整，當一九二二年（即《九國公約》訂約年），原屬子虛烏有，今亦未嘗有之，可見只是一種理想，英外部自無庸亟予支護云云。該報雖非英政府喉舌[17]，然其所發表之言論，尤其是關於

17 關於此點，可參閱 *Earl of Avon* (Anthony Eden), *Facing the Dictators* (Massachusetts 1962) p.197.

當年中日事件，往往與其政府見解，不謀而合，既為各國輿論界所重視，且每被認為代表政府發言。是以該項社論及英外交部官報，在東京及華盛頓兩方面，皆解釋為對美拒絕之表示。

英美二國，既已持見兩歧，他國（除中國外）對於美國立場，亦未表示擁護。芳澤外長，遂於一月十六日，送美政府覆文，一則曰中國混亂情狀，非當年華盛頓訂約時所能想像；再則曰美政府於遠東問題，遇到緊急關頭，感覺靈敏，每次皆然。茲當日本國策本身之存在發生問題，美政府基於友誼的精神，十分周到的對於時局，作一準確的了解，此則可以引為愉快者。此文辭氣傲慢，聞出自日外部顧問某英人之手，三、四十年前，外交文牘缺乏禮貌如此件者，尚屬罕見。

嗣於二月九日淞滬戰事吃緊之際，美政府復向英國提請對日共同正式援引《九國公約》，以為勸告。一星期後，英政府表示原則上贊同，但不十分肯定。同時，史汀生與西門間，迭次長途電話洽談。據駐瑞士美使威爾遜的記載[18]，

18 Hugh R. Wilson, *Diplomat between Wars* (New York, 1941) pp.276-277.

其時因參加裁兵大會，彼常在日內瓦遇見西門，西門每以其與史汀生電話內容相告。一日西門說，史汀生的對日態度，如此積極，勢須出發兩國海軍，方能辦到，因此彼（西門）頗覺惶恐。然電話所談各項，並未見有提議，即援引《九國公約》一節，亦只在擬議之中。相傳美國提議召集九國公約會議，以討論對日經濟制裁，因英國坍美國台而無成。英國辯稱，並無召集會議之提議。實則西門態度模稜，每致不得要領，況在長途電話，尤難捉摸，故關於此段史實，究竟咎在何方，似未可以一二語判定也。

史汀生於一致實行不承認主義，及援引《九國公約》兩點，既皆無所成，乃轉而向參議院外交委員會委員長波拉（William E. Borah）致公開函（二月二十三日）一件，說明華盛頓各項公約，是有連鎖關係的，日方既破壞一部分，他國對於他部分，即不負遵守義務。意指日本既已違背《九國公約》，則美國對於造艦限制及太平洋諸島設防限制，亦可無須遵守。此實為最有力量的表示，日方一時頗起恐慌，可惜美國當時不即以積極事實相配合耳。

在國聯一方面，西門對於史汀生主義，初則若依若違，旋由於因滬戰而產生的外交上錯綜關係，畢竟重視美國立場，遂以西門一再提議，國聯終於採納不承認主義，事見後段。

（六）一九三二年一月二十五日行政院會議、第一次淞滬戰役、三月四日國聯特別大會

一九三二年一月二十五日，行政院第六十六屆會議，召集於日內瓦。其時滿洲局面，已經不可收拾，在淞滬方面，日本又有用武力的威脅。主席為法代表葆爾逢科（Joseph Paul-Boucour；法國駐日內瓦常駐代表，曾任勞工部長，嗣任陸軍部長，後又任總理兼外長。）我國代表顏惠慶，日本代表佐藤尚武（Naotake Sato）。英國則西門爵士此次較多出席。大多數西方人，以滿洲為遼遠地方，不予重視，惟一旦上海有事，則全世界為之震動。職是之故，我國代表，得乘機要求除《憲章》第十一條外，更援引第十第十五兩條，並要求召集特別大會，以作進一步之應付。依照第十五條規定，當事國的投票，不算在表決票數內，故日本無否決權，因此日本反對引用該條，然亦無法阻擋，初只棄權，一年後投一次反對票而無效。

是年一月間，有一群日本僧徒及其他日人，敲鼓唸經，往上海閘北結隊遊行，意在激起民眾。固然在某工場面前，有暴徒數人毆打日人，以致日人二名受重傷，其中一人，旋即身死。迨巡警馳往彈壓，暴徒業已逃走。越數日，大隊日本浪人，持有兇器，將該工場放火焚燒，及回租界，與租界巡警發生衝突，又死日人及華警各一名，情勢頓呈緊張。駐滬日本總領事，向上海市長送最後通牒，提出立刻解散反日團體暨他項要求。我市長悉予接受，日本總領事認為完全滿意。乃日本海軍方面，以其陸軍在滿洲大出風頭，存心妒忌，故必欲在滬耀武揚威，以為甘心。是以日本海軍總司令鹽澤幸一（Rear-Admial Koichi Shiozawa），決意藉端啟釁，宣稱必須給支那人一個教訓。遂於一月二十八日晚間，下令進兵攻襲北車站，及轟炸閘北地方。第一次淞滬戰役，因以開始。

滬戰既起，英美兩國，會同法義及其他有關係國，充分合作，多方洽商，冀得從早停止兩方軍事行動。其主意往往出自英美，而國聯迅速附議，無所躊躇。以前美國立場，謂美國既非國聯會員國，只能單獨行動，而英國立場，謂英國既是國聯會員國，必須與其他會員國一致行動云云，至是皆不足以妨礙各該國之合作。又國聯秘書長，依據第十五條規定，即日組織調查團，由駐滬英、法、義、德、挪威、西班牙六國領事，會同美國總領事組成，藉以就地考察實況，報告國聯秘書聽。以視瀋變初起，我方提請組織調查團而不可得，何昔難而今易，至於如是也。

二月二日，英國自治領部部長託墨斯（J. H. Thomas）替代西門，出席行政院會議，提出英美兩國會同主持之上海停戰計畫[19]，徵得該院同意。是日之會，初次有大國代表，對日本說幾句比較激烈的話。其言曰：「現在上海發生衝突，鎗砲飛機，無所不用，雖無開戰之名，而有開戰之實。國聯於此，自難漠視。倘竟聽其延長，則《國聯憲章》，《非戰公約》，以及《九國公約》，必皆失去全世界之信任。」再者，以前國聯凡有呼籲，以及他項公牘，總以同樣文字，送致中日二國政府，以示無所偏袒。此次則於是月十六日，以行政院十二理事國（中日均除外）名義，獨致日本政府一文，謂日本既是國聯會員國及行政院常任理事國，宜負忍耐寬容之特別責任；並謂凡違背《憲章》第十條，而對

[19] 停戰條款五項：（一）雙方停戰，（二）雙方不得增援部隊，（三）劃出中立區，由租界當局派警巡邏，（四）中日軍隊各自接觸地點撤退，（五）各國居間斡旋中日談判，將一切縣案統作商討。見梁書第三四六頁註一六九。

於會員國之領土完整，有所損害，或對於會員國之政治獨立有所變更者，不得承認為有效。此文措辭強硬，且係初次採納史汀生不承認主義。日政府於是月二十三日覆稱，此文應送交「進行侵略的中國軍隊」，同時並稱「日本政府不能承認中國是《國聯憲章》所稱有組織的民族國家」，強辭奪理，有咄咄逼人之勢。

以前行政院會議席次，日代表之聲辯理由，為行使自衛權，為保護日人生命財產，為所謂中國侵犯日本在滿洲條約上權利等等。至是忽有一個新的發明，二月十九日，佐藤在行政院發言稱：中國於十二年前加入國際聯合會時，經各國承認為有組織的民族國家，豈知此後事勢變化，竟陷入無政府狀態。顏代表答言：「日代表說起有組織的國家，然日本陸海軍舉動瘋狂，政府無法控制，我不知日本是否一個有組織的民族國家？又日本外交人員出席行政院會議，似乎誠懇的，好意的，有所承諾，次日即自食其言，其所代表的政府，能稱為有組織的政府乎？日人嘗向二、三大國政府，鄭重聲明決不進攻錦州，不數日，日軍已入錦州，此可稱為有組織的政府耶？」顏氏又言：總之，日本不喜見中國統一強盛，故每次中國有大領袖，出而統一全國，日本必多方阻撓，使無所成，故即使中國情狀紛亂，大半由於日本陰謀所致[20]。顏氏用淺近的英文，侃侃而談，態度誠懇，聲音響亮，給聽眾印象極深。然中國非有組織的國家說，此後日代表每次提起，用為攻擊我國代表之主要理由。是以李頓報告對此點，作一平心靜氣的分析（該報告書第十七頁），言該團調查時期，中國內部狀況，實較勝於華盛頓會議時代。又言雖然中央政府，對於若干省，其權力現在尚覺薄弱，然至少並不對中央公然抗命，故中央政府，倘得照此維持下去，則關於省政府組織以及軍隊財政諸問題，可望逐漸成為全國化，因此上年九月間大會一致票選中國為行政院理事國云云。蓋中國當選，日本曾參加投票，可見其並不視為無組織的民族國家，何以出爾反爾，自相矛盾，雖未直言，意實明顯。

至在上海方面，中立國外交軍事人員，仍盡力拉攏中日兩方，俾得從戰場踏進會議室。結果，以英國停泊黃浦旗艦海軍司令凱禮（Sir Howard Kelly）之斡旋，兩方派員於二月二十八日登艦晤談。日方以我方無條件撤兵為先決條件，我方則堅持雙方同時撤兵，因未成議。又凡涉及同時討論滿洲問題的提議，日

---

20 *Official Journal of the League of Nations, March 1932 (Part I)*, p.366.

方無不斷然拒絕，是以一無所成。

淞滬戰事，自從日方開釁以來，我國第十九路軍會同第八十七第八十八兩師，奮勇抵抗，日軍不得逞，出日人意料外，亦增長我國軍民士氣，而博得全世界之驚佩與同情。蓋不獨日軍每次猛烈進攻，均被我軍拚死擊退，有一次我軍竟追至租界邊，以恐惹起國際糾紛而未進。猶憶戰事既起，軍政界人物數人，如吳鐵城、黃膺白、顧少川、張岳軍、蔣百里、蔡廷幹、蔣光鼐諸君，每於晚間在租界內某君宅，非正式聚談，檢討軍情，並討論相關問題。一夕，我偶隨顧氏同往參加，適蔡、蔣二君報告我軍追日軍至租界邊界而未進，顧氏及他人均謂窮追敵軍之際，正不必因租界而有所躊躇，此乃百年一次的機會，錯過未免可惜。亦有人謂須注意敵軍從瀏河或他處抄襲者，似係蔣百里先生所說的。總之，日人聯合海陸空三軍的力量，費三星期之久，始將吳淞口砲台佔據，鹽澤於此未免從支那人方面，得了一個教訓。嗣以日方調到大批援軍，果從瀏河後麵包抄，我軍不得已而作有秩序的撤退。故三月初國聯特別大會集會之時，淞滬戰事，事實上正已停止。

終以國聯特別大會迭次催令日本撤兵，在滬中立國外交人員又奔走協助，中日二國，於是年五月五日在上海簽《停戰協定》。日軍從前線撤回一二八以前原地點，恢復戰前狀態。簽約時，我國代表郭泰祺，曾聲明中國軍隊在本國領土內之行動，不因本協定而受任何限制；日代表重光葵，對此並不表示異議。此次上海戰事，以國聯及西方各國之努力調解，及我軍之誓死抵抗，亦以日方在此階段，對上海尚無領土野心，而在滿正積極進行，無暇他顧，故上海方面，能得到差強人意的結束。李頓報告之言曰（報告書第八十六至八十七頁）：日本在上海原有陸戰隊三千人，嗣增調陸軍三師及一混成旅，經六星期之戰爭，始將中國軍隊擊退，此於中國士氣方面，留有深刻印象，因而一般的覺悟，中國須以自力求生存云云。所謂我國須以自力求生存，忠實之語，真堪自省者也。

該《停戰協定》簽字前一星期，上海虹口公園發生朝鮮人投炸彈案，日本軍政人員，受有死傷，重光亦受傷割腿，故該協定於其醫院病室中簽字。簽字後十日，犬養毅遇害。海軍上將齋藤實（Admiral Minoru Saito）為內閣總理，內田康哉（Yasuya Uehida）為外相。先是，犬養毅被刺之前一二日，尚有在東京召集英、美、法、義、日五國圓桌會議之擬議，至是重申此議，欲以討論中國內部混亂情狀，主張將上海及其他主要商埠周圍若干里解除武裝，不准駐中國軍隊，亦不准置中國堡壘，謂可藉以維護西方各國之利益，然以確認日本在滿洲之種種權益，以為交換。英美各國覆謂：關於中國問題之國際會議，須有中國參加，在中國舉行。日人狡計，遂未得售。

國聯特別大會，於三月三日召集於日內瓦，以處理上海滿洲兩事件。比外長伊范斯（Paul Hymans）為主席。伊曾參加起草《國聯憲章》，經驗既多，又熟悉國聯會議程序，且比國嘗遭德國違約進攻，與中國之遭日本侵略，情形相同，伊身歷其境，對中國具有同情，故彼之當選為主席，實含有兩層意義。大會原為大小各國公共發言之場，然大國代表，姑不問其個人有無偏見，往往慎於出言。蓋大國代表若有激烈主張，而無積極行動，以相配合，則有損大國威望，即一旦有所決定，其大部分責任，用歸大國擔當。至於小國方面，既以國家之安全與生存，寄託於集體安全制度，則其代表之在大會，每不惜公開強調其主張，甚少顧慮。故此次大會，小國代表，重在各項原則之見諸事實，大國代表，但求各項原則之列舉空文而已。

於是諸小國代表紛紛演說，莫不著重於擁護《國聯憲章》與支持集體安全。西班牙代表外長褚魯達（Luis Zulueta）曰：國聯今日的問題，存耶亡耶？一針見血，語最沈痛。又捷克代表貝迺煦（Eduard Benes；時任外長嗣為總統）為該國開國元勳之一人，善謀多智，而估最世界局勢，每失之過於樂觀，是其短處。對我國極表同情，彼言憲章第十二條規定以和平方法解決國際紛爭，又第十條維謹會員國之獨立完整，該兩條若不予維持，則新的國際組織，勢將瓦解。又瑞士代表莫達（Giuseppe Motta；曾任總統）於三月四日大會的全體委員會，討論關於催促日本撤兵草案時，日代表佐藤提議，須以保護日人得有滿意保證為先決條件。迨主席伊范斯以此點付討論，無人發言，面面相覷，空氣緊張。於是莫達首先起立發言，全場為之鼓掌，經彼切實開導之後，佐藤始不堅持其說，該案遂得不附條件通過。次日大會開會，莫達又演說，謂本會以中國之請求，根據第十五條而集會，此實為實行第十六條之先聲。第十六條者，對違背《憲章》國施行制裁之條款，大國對此，諱莫如深，而莫達竟直言提醒，其勇氣有足多者。顧國聯秘書長他日解釋，則謂第十五條之適用，並非當然的接連適用第十六條云。

及輪到大國代表發言，西門爵士首先演說，則就國聯調解紛爭之一部分任務立言，並以滿洲事件，正在調查階段，故主張只作原則上的宣言，而對於事件內容，不作任何判斷。旋法、義、德三國代表象繼發言，大致與西門之意見相同。遂於三月十一日通過議決案，將《憲章》有關各條重敘一遍，而對於不承認主義，前已經行政院採納，至是復得大會確認，此實為該案主要點。嗣美政府對該案立刻表示贊同，並稱不承認主義為國際法上之特殊貢獻，可積極的作為締造和平之基礎。旋設立十九國委員會，以行政院十二國（中日除外）連同票選六國，又加大會主席為該委員會主席共凡十九國公同組成之。此次票選之六國，為瑞士、捷克、哥倫比亞、葡萄牙、匈牙利、瑞典六國。中日代表可到會參加，但無投票權。該十九國委員會即日召集，以接續處理上海事件，至中日二國簽停戰協定為止。此後一年之間，審查李頓報告，及草擬一九三三年二月二十四日國聯報告，乃為該十九國委員會之重要任務也。

（七）李頓調查團報告書

日本擴大侵略之迅速，與國聯調查團組織之遲緩，適成一反比例。該團團員五人：即（依照姓的第一字母原排名次）

義國的阿爾特洛萬第伯爵（Count Aldrovndi-Marescotti）

法國的克勞德中將（Lieutenant-Geueral Henri Claudel）

英國的李頓爵士（Lord Lytton）

美國的麥考益少將（Major-General Frank R. McCoy）

德國的希尼博士（Dr. Heinrieh Schnee）五人。李頓被公推為團長。中國襄助員顧維鈞。日本襄助員吉田射三郎（Isaburo Yoshida；前駐土耳其日使）。一九三二年二月二十九日，該團繞道美國行抵東京。三月十四日到上海，時則淞滬戰事已停，但尚未訂立停戰協定。該團經行東京，上海、南京、漢口及他埠而至北平，各處晤見兩國軍政界暨他界人物甚眾。於四月二十一日分海陸二路到達瀋陽，距行政院通過組織調查團議決案之日，已逾四個月矣。

調查團三月間第一次訪日時，日外相芳澤明言：日本對於滿洲的態度，是有歷史背景而富於情感的。他說現代日本人，是効命滿洲戰場的日人的子女，因而產生一種情感，此點最關重要，務須顧及。

調查團到南京，進見我國當局，蔣公及其他政府要人皆在場，行政院長汪精衛為發言人，擔任與李頓談話答問。彼時滬戰尚未正式結束，我方主張滿洲、上海兩問題，應併案處理，日方則不欲相提並論。又日本襄助員請該團前往我國內地察看，我方反對，然該團仍派兩位團員，飛往四川一去，該團在北平進見張學良，張謂伊在滿洲曾努力建立一個好的政府，祇以舊派掣肘，致無所成。調查團看法，雖未向張表示，乃以為滿洲當局，不問新舊，其為擁護個人，以及沾染腐敗習氣，彼此正相伯仲！惟對張氏本人，見其少年老成，談話直爽，印象頗佳。

顧氏之隨同調查團而往滿洲，日本反對甚力，竟宣稱不能擔保其個人安全。故顧氏坐本國驅逐艦，從大連登岸，改乘火車抵瀋陽。顧氏在瀋陽時，日人監視甚嚴。某日，顧氏於其旅館私人會客室，接見美國教士數人，正談話間，突有數日人闖入，堅欲打聽來客姓名以及談話內容。又顧氏及其隨從人員，到處有日本便衣偵探跟從，即至旅館飯廳亦然。顧氏受了種種無禮貌的待遇，而態度從容，不改其常。曾函調查團據實報告，亦以日本襄助員吉田在關內旅程中，我國不但毫無加擾，且給以相當便利與禮遇，故於日人對我無禮行為特提抗議。其後十一月間，顧氏出席日內瓦行政院會議，更為公開報告一次。

日人對於調查團固有相當禮貌，然以保護為名，亦復施以不少限制。此如該團在滿洲時，聞有發生騷擾地方，欲往視察，日人不許。亦有該團欲接見之作證人，亦被日人阻撓，不得延見。又中國人畏禍不敢接近該團者，亦往往有之。其他該團行動上活動上的限制，正復不少，雖然如此，該團從東北各處各界普通老百姓，收到中文信一千五百五十封，其中除二封外，餘皆對日本對滿洲國表示極端仇視。亦有中國政界人物，作證時因有日本人在場，表示某項意見，事後則予以否認。總之，國聯調查團，在日人嚴密監視之下，其辦事之困難，概可想見。

調查團之在滿洲，先後往瀋陽、長春、吉林、哈爾濱等處，以瀋陽為中心點，幾每天與本莊、土肥原諸人晤談。該團欲往訪馬占山，日人不許；欲繞道西伯利亞而往，蘇俄以守中立為理由，亦不許。又調查團行抵滿洲時，「滿洲國」業已成立，溥儀已就「執政」職。五月三日，調查團在長春訪晤溥儀，有板垣及另一日本人[21]在座。李頓提出兩個問題：（一）他怎麼樣到東北來的？（二）「滿洲國」是怎麼樣成立的？據溥儀事後自述，他當時想答稱他是被日本人威脅利誘而來的，同時又想問李頓肯不肯把他帶到倫敦去？可是他看見了兩個日

[21] 橋本虎之助 Hashimoto Toranosuke（關東軍參謀長）。

人的臉，就老老實實照他們預先囑咐過的說：「我是由於滿洲民眾的推戴才來到滿洲的，我的國家，完全是自願自主的。」李頓諸人聞言，點頭微笑，別的話也就不問了。到一九四六年八月間，溥儀被召到東京的遠東國際軍事法庭去作證，他痛快淋漓控訴了日本戰犯，說明日本如何利用他為傀儡，以進行侵略和統治東北云。

調查團調查事實徵取意見的來源，以得之在華西籍教士為最多，故英、美、法三團員，常與其各該國教士分別接談，然該團每有所聞，必向其駐華或駐日使領館人員，詳細稽考，以求覈實。至關於九一八夕柳條溝炸軌一節，該團固未曾查得真正內容，前已說過，該團只能推定其事為一種藉口，卻無法證明出於日人之陰謀。又中日二方對於爭端，各向調查團，口頭書面，陳述意見，雖然兩種說法相反，但均為該團所重視，其對於我方所提意見書，認為至少在表面上無懈可擊云。

調查團已先於四月二十九日，將「滿洲國」已成立的事實，報告於行政院；並言現在全滿境內，中國政府已毫不行使職權。調查團在東北做調查工作，約有七星期，六月五日回北平。調查團以得到日本不久將承認偽滿的消息，於七月間重訪日本，與日外相內田作兩次談話。從第一次談話中，因已完全明瞭日本的承認決心，但仍再度往訪，作最後之忠告。意在設法展緩承認，至少須展至調查團報告送行政院之後。七月十四日之會，李頓特為強調二點，大旨如次：第一，固然日本為了滿洲，曾經兩次作戰，但歐美諸大國，亦曾為了世界大戰而奮鬥，結果產生國聯以維持國際和平，今若漠視國聯，不予運用，必將使世界人民，對國聯失去信仰。況日本對於國聯《憲章》及條約上種種義務，皆所洞悉，而竟違背如故。第二，日本屢責中國不遵守《中日條約》，今日本正在效尤。日本若欲承認滿洲國應先商諸《九國公約》之他八國，假定各國皆為了自己所認為的重大利益，而為所欲為，則大戰後所辛苦締造的國際局面，必致完全破壞云云。李頓這次談話，非常誠懇動聽，然內田答稱日本國策，業已決定，無庸置辯，即李頓請其將調查團的意見報告閣議，亦遭拒絕。李頓末言調查團由於日本提議而產生，今若日本斷然的採取無可挽回的處置，有礙該團體面。內田支吾其辭，不歡而散。迨該團回到北平，九月四日簽報告書。是月十五日，日本與「滿洲國」代表，在長春簽訂「日滿議定書」，正式承認「滿洲國」。十月一日，調查團報告書，在日內瓦發表。

李頓返自東北，偶患感冒，進北平德國醫院醫治，顧少川往訪之，彼密語顧，謂彼個人看法，中國有三件事當做：即（一）供給志願軍對日本作游擊戰，（二）加緊抵制日貨，（三）加做國際宣傳工作，使世界輿論站在中國一邊。亦有三件不當做的事：即（一）勿對日本宣戰，勿予日人以口實，（二）勿因抵制日貨而將奸商置諸囚籠，或使蒙受任何羞辱，（三）勿對國聯及其他國際機構，表示喪失信仰。又李頓希望我國修明內政，建立鞏固有力的政府。他本人是對我國同情的。

李頓報告，是國際聯合會二十年歷史上有名的文牘之一件。首為引言，敘述中國的聲訴與調查團組織經過。其次為十章，前八章將中日爭端歷史背景，與九一八事件前後經過情形，以及外交上錯綜關係，又「滿洲國」之成立，及人民對新國態度，又上海戰事經過，又日本在滿洲的經濟利益與開放門戶政策，以及中國排斥日貨情形，原原本本，作一簡要的敘述。其最後二章，臚列解決爭執的原則十項，並建議具體解決方案。此外尚有附件，有附圖。該報告書措辭雖簡，篇幅則長。該團五人，意見主張，並不一致，法國團員，好自立異，尤難應付，李頓煞費苦心，總算撰成五人同意的報告。其主要出發點為二：即

（一）若僅恢復九一八以前之滿洲狀態，並非一種解決辦法，又（二）若維持並承認「滿洲國」，亦非滿意的解決。調查團之看法（《報告書》第一二八頁），謂若將東三省法律上或事實上脫離中國，將來必定造成一種收復失地的問題，使中國永遠仇視日本，妨礙和平，亦可能長期排斥日貨，此於日本長期利益，究不合算。又謂「滿洲國」之能造成，實由於日本參謀部之協助與指揮，亦由於日本軍隊之駐於其地，故此項獨立運動，不得認為出於人民自動的。因此調查團建議東三省應完成自主（autonomy）[22]以解決滿洲問題，謂須在不牴觸中國的主權及行政完整之下，予滿洲以廣大的自主權，藉以適應當地特殊情形云。

基於前項斷定與理由，調查團主張於兩當事國均接受該報告書後，召集一種會議，稱為「顧問會議」（Advisory Conferece），從事討論並擬製具體方案，以便建立東三省之特種政體。至參加該項會議之代表，定為三類，即（一）中日二國政府代表，（二）由該二國政府各自選派堪以代表滿洲地方人民意旨的代表團，（三）中立國觀察員，（但以當事國同意為限。）其關於兩國在滿洲

22 autonomy普通譯作自治Self-government，然其意義、程度與範圍，甚至其最後目標，實皆超過單純的自治，故我譯作「自主」。

之權益的懸宕爭執，由該兩國同時各別談判，設法解決，倘兩國同意時，亦可請中立國派員觀察。其各該會議之討論結果，須作成正式文件四件，其中三件，為重整兩國關係的條約三種，又一件則為中政府發表關於東三省特種政體的宣言，該宣言有國際上拘束力。

李頓報告發表後，得到西方輿論界一致的好評。《紐約時報》稱為該團通盤檢討，大處落筆，主張公允，毫無偏見。我認為此說是膚淺的。倫敦《泰晤士報》，則稱調查團於提出各項建議，是中日二國一位有見識的友人，而非斤斤較量法律見解的公斷員，此說當然深刻得多。

固然調查團也是中國的朋友，該團要替中國找一條出路，當然也是好意，然其所為建議，是十分遷就日人所造成之事實。該報告書（第一三二頁）說：「吾們對於目前的實際狀況，並不忽視，對於東三省現已設置且正在發展之行政機構，吾們也曾經顧到。」故對於顧問會議之組織主張須有地方代表參加，俾可順利的從現在的局面轉進於新的自主政體的階段。又如對於滿洲鐵路問題，調查團主張改南滿路為商營，而將所有該處中日鐵路營業，合併為一，使皆得受到「南滿路技術上宏富經驗的好處」。豈非等於承認南滿路的優越地位，而有支配全滿各路之權？此則歷年來為日本所力爭，而我國所堅拒之重要爭端，今調查團一則曰商營，再則稱技術，輕輕地完全滿足日人的要求，真未免過分遷就了。故假使日人接受調查團的建議，日人固然必須取消偽滿組織，但事實上得到了日人所有的希望，而成了滿洲的主人翁，我擁主權之虛名，彼受自主的實惠，將置我國於外交上進退為難的地位，故日代表在特別大會中，一度曾有讓步的姿態，事見後段。

再者，調查團報告，對於撤退日軍及不承認主義各端，僅重引特別大會及行政院讓決各案原文，並未特筆重申。撤兵期限，則更隻字不提。又為避免發生對日施行制裁及對日作戰問題起見，不稱日本為侵略國或違背憲章國，亦竟不用「從事戰爭」字樣，而僅婉稱為「變相的戰爭」（war in disguise）。其差可認為對日本的責備辭，僅有下列幾句話（《報告書》第一二七頁），其言曰：「事實上則有一大塊無疑的中國領，未經宣戰，而被日軍強奪佔領，使與中國他部分領土脫離，而宣布獨立。」如是而已。

蔣委員長對該《報告書》之意見[23]，謂我國對此《報告書》，宜採溫和態度，不可表示過度反抗。然非列強對日有執行經濟或武力制裁之決意，或日本國內有不利於軍閥之重大變化，日本決不接受報告。但此兩種假定事情，現時均無實現希望，因此中國縱表示願意讓步，仍無補於糾紛之解決，徒為將來交涉或行動上增加拘束，且或引起國內重大攻擊。又《報告書》前八章陳述事實，雖屬公允，可以接受，然九十兩章建議，幾完全注重日本希望與其在東三省之實力，而將九月十八日事變責任，棄置不顧，吾國不能不要求為必要之修正。

故外交部給代表團的訓令[24]，大旨對於行政制度，中國可向國際聯合會聲明，當積極勵行東三省行政之改善，此項計畫，當包含逐漸設立人民代表機關，實行中央地方均權制度，並予地方政府以寬大之自治範圍（self-government）[25]。其對於顧問會議，極端反對，而主張中日直接討論，但須有國聯行政院或其他關係方面之協助。又中國自行推進東省自治制度時，當儘量容

23 二十一年十月十七日外交部發日內瓦代表團電，此是羅外長往漢口奉蔣委員長面授意見書摘述之件。
24 十月二十日部電。
25 部電特加此英文字，以示與autonomy有別。

納或參酌地方人民以適當方法表示之真正意思。至關於鐵路問題，謂應根據門戶開放政策，歡迎國際投資，謀東省鐵路之整理及發達。此項訓令，歸結於我方應主張之重要源則三項，即（一）日本因違約侵略所得結果，當然不能加以承認，更不能使被侵略者受其損害；（二）國聯行政院及大會關於日本撤兵議決案繼續有效，並不因《報告書》而變更，故日本撤兵之義務，及不能在武力壓迫下談判之原則，繼續存在，所有日本撤兵期限，應提前詳確規定；（三）賠償損失問題應保留。對於《報告書》之十項原則，應積極贊成其第三項，（所有解決辦法，必須依照《國聯憲章》、《非戰公約》及《九國條約》各項規定。）此外則我代表出席會議時的戰略[26]，認為最好讓日方先行攻擊《報告書》，我方於反駁時，說明自己立場。

我國代表遵照訓令，一面在行政院及特別大會發表意見，同時與十九國委員會主席，暨他國委員數人，以及國聯秘書長等，分頭接洽，結果，國聯的報告，頗有修正改善處，均見後段。

26 十月十六日部電。

（八）一九三二年十一月行政院會議

行政院以日本請求展期召集，雖經我國反對，仍展至是年十一月二十一日，始在日內瓦開會，是為第六十九屆會議，由愛爾蘭自由邦代表第凡雷拉（Eamon de Valea）主席，正式收受國聯調查團報告書。第凡拉生於美國，父西班牙人，從其母為愛爾蘭人。長大於愛爾蘭，從事對英獨立運動。一九一六年趁歐戰方殷，起兵叛變，失敗，英國法庭處以死刑，以其生在美國，從寬改為終身監禁，旋得釋放，當選為英國國會議員，繼續策劃獨立，又兩次被逮獲釋。第凡雷拉迭任自由邦總理總統，迨愛爾蘭共和國成立，當選為第二任總統，現仍連任，今年八十四歲。他反對侵略，扶持正義，對我國極表同情的。我國代表顧維鈞，顧氏是一個國聯老手，為忠實擁護國聯之一人，已於前篇略述。緣在巴黎和會威總統親自主持之《國聯憲章》委員會，顧氏曾出席參加，故為該憲章起草人之一。當時美國代長團辦公處，設在巴黎之克里容旅館（Hotel Crillon），憲章起草委員會，在該旅館舉行會議，事後，會議室壁間，裝嵌雲石牌一塊，用金字鐫有威總統、顧維鈞及其他出席代表姓名，以為紀念，每為遊客所樂道。國聯成立後，顧氏於首二次大會，連任本國首席代表。同時得公推為第一次大會的第一委員會（討論政治問題）副會長，正會長為英國首席代表前任外長白爾福，與顧氏個人友誼甚篤，顧氏常代為主持會務。顧氏於各項重要問題，如薩爾（Saar）煤鑛區問題，以及其他類似性質問題，皆曾參加討論，有相當貢獻。擔任報告員職務。嗣我國當選為行政院四非常任理事國之一國，顧又任為代表。復先後迭任國內外要職，資格聲望，不可多得。至是乃以駐法公使兼充特別大會第二代表。既而顏惠慶氏奉命專任大會首席代表，以所兼行政院代表一席，派由顧氏兼充。

日本代表松岡洋右（Yosuke Matsuoka），幼年住美數載，英語相當流暢。初以政友會會員為國會議員，十分擁護對華積極政策。此次奉命出席國聯，道出西伯利亞，暫留莫斯科，曾遊說蘇聯當局，欲與訂立互不侵犯協定，並勸蘇聯承認滿洲國，事無所成。自出席國聯領導退出會場而回日本，受本國民眾盛大歡迎。旋即退出政黨與國會，主張獨裁政體。一九四〇年七月，近衛文麿（Prince Fumimaro Konoe）組閣，松岡任外長。次年四月，又往莫斯科，有所密洽。隨即前往柏林、羅馬，祕密聯絡。歸途於是月十三日在莫斯科簽訂《中立條約》。其時史達林已從其頭等間諜邵鉅（Richard Sorge）從東京德國大使奧脫（Eugen Ott）探知德軍進攻蘇聯日期，為是年六月二十日左右[27]（確期為是月二十二日），故於簽約後松岡上火車回東京之際，史達林突然親到車站，與松岡相擁，作親密的送行儀式。在松岡外長任內，日軍進攻安南，又日本並於此時與德、義二國簽訂三國軸心同盟。其人一肚皮陰謀，與德、義、蘇俄同時携手，盡其從横捭闔之能事，故赫爾稱他的「奸邪，如同一籃子無數若干的釣魚鈎一樣」[28]。然希特勒之突攻蘇聯，事前並未知照日本，松岡往訪柏林，亦竟無所聞知。且距《日蘇中立條約》之簽訂，僅逾兩月。故近衛對松岡，本已失去信任。加之近衛主張與美國進行談判，松岡主張專事支護軸心，兩人基本政見不同，而各挾天皇以自重。一九四一年七月間近衛又組閣時，松岡遂被擯退。日本既投降，國際軍事法庭開庭，松岡被逮為主要戰犯之一人，正當候審而身死。

是日即一九三二年十一月二十一日，行政院開會。日代表松岡先發言，極

---

27 Mamoru Shigemitsu, *Japan and Her Destiny: My Struggle for peace*（New York, 1958,）pp.244-5.

28 原文As for Matsuoka, I（Cordell Hull）had long considered him to be as crooked as a basket of fishoks, *Hull's Memoirs*,（MacMillan 1948,）Vol. I, p.902.

言中國混亂，日本必須自衛，謂英美二國，以往曾用武力保護其在華本國人生命財產，故日本亦得行使此權。其對李頓報告書，謂有錯誤，有偏見，並謂調查團並無判斷建談之權。至於滿洲國，非日本人所造成，故堅持必須承認滿洲國，方能竟得解決云。顧氏答稱：日本常指責中國不統一，實際上日本一貫政策，即在阻撓中國統一，日本人以為中國統一，足以妨礙其獨霸世界的野心、乃極言日本志在逐步推行其大陸政策。故為今之計，國聯必須急採有效的應付方法，第一須辦到日本撤兵。又謂解決滿洲問題，固屬大會職責，然調查團之第三項原則，謂任何解決，必須依照《國聯憲章》、《非戰公約》、《九國公約》各項規定，此原則我政府此刻即予接受。至以承認滿洲國為解決基礎之說，則為我政府所拒絕。

是日李頓及其四位同事，應行政院特邀列席，至是主席詢李頓聽到兩國代表發言後，該團意見有無變更？松岡反對此問，主席乃僅詢有無補充，李頓答無。

主席以捷克代表貝迺煦建議，提請將調查團報告送交大會，我代表贊成，日代表言須請示政府。主席乃向松岡切實勸告一番，大旨言大戰停後國聯之設立，要以和平方法，解決如同中日事件之國際紛爭。今若有此機構而不充分運用，或因有當事一國不予必要合作，以致無從運用，此乃蔑視國際輿論，無可容忍。松岡聞言，仍說必須承認滿洲國，方能在遠東樹立長久和平基礎。旋付表決，松岡棄權，遂將調查團報告轉送特別大會處理。

（九）特別大會通過報告、日本代表退出會場、日本、退出國際聯合會

特別大會於一九三二年十二月六日至九日，又次年二月二十一日至二十四日，又集會幾次，作公開之辯論。其研討李頓報告，與起草國聯報告之實際工作，則由十九國委員會，隨時與兩當事國代表取得聯繫，擔任辦理。此項工作，分成兩個階段：起初仍設法和平解決，（《憲章》第十五條第三節），不成，則由國聯製成報告，作公平適當之建議，予以公布，（該條第四節）。其時希特勒已登台；日內瓦裁軍會議，絕無成功希望；美國羅斯福當選總統，第一難題，為如何整頓經濟金融，對外則國內孤立派風氣，迄未稍衰；蘇聯忙於內部問題，無暇外顧。其在遠東，日本業已併吞滿洲，得隴望蜀，野心無已。同時復揚言

倘國聯作不利於日本之決定，日本可能退盟。國聯處此嚴重局面之下，對於處理中日爭端，作最後之努力，其前途當然十分黯淡的。

在大會公開辯論期間（即十二月六日至九日），我國代表顏惠慶於六日首先發言，請大會要求日本取消滿洲國，並請大會依照第十五條第四節規定處理。松岡則謂解決辦法，務須取其有以維持遠東和平，而實際上能推行者，並謂中國混亂情狀，亦當想法解決。中日兩代表說完後，別國代表，相繼發言，先小國而後大國。大致小國代表所為戰戰兢兢者，若國聯無法對付日本，惡例一開，後患無窮，故每對我國表同情的。大國代表力求避免與日本發生武力衝突，故尚欲竭力敷衍，至少表面上好像站在日本一邊的。於是各從李頓報告內，採用有以支持各人立場的說法，用為依據，然亦有時未免斷章取義耳。

我於發言的諸小國代表中，此次專舉捷克外長貝迺煦以為例。貝氏謂當十九國委員會得到日本可能承認滿洲國的消息後，採取了這樣和平忍耐的態度，不啻鼓勵日本對國聯對全世界趕快造成事實。所以有幾位同人，頗為失望。認為「既成事實的政策，是對世界和平發生最大威脅的政策」。又言亦有人發表意見，竟謂中日事件，無須交由國聯處理，彼（貝氏）認為這個見解，實在荒謬之至，蓋如此，則所有各國，將來均可援例，不以爭端提交國聯處理云云。此際我要特別強調此語，緣六年後，希特勒藉口於捷克蘇兌敦地方（Sudetenland）德國種少數民族，受了不公平待遇，串同英、法、義三國，強逼捷克以其一部分領土，割送德國，又過了六個月，希特勒遂將捷克全國併吞。其年九月，正值國聯第十九屆常會集會，捷克既未向聲訴，國聯亦竟置若罔聞，當年貝氏所說，成了讖言，禍及本國，可云慘絕。

等到大國代表發言：法代表說，遠東問題，是一種特別事件。義代表說，今日的問題，是《國聯憲章》是否含有彈性？其適用是否有伸縮餘地？又說欲求事件之解決，須憑事實為基礎，而不在乎制定抽象的原則。德代表說法，大致相同。可見該三國代表，對日本代表的主張，至少是準備洗耳恭聽的。至西門爵士，則進一步予以支持。十二月七日，西門演說，首稱彼觀李頓報告所描寫的，並非對此國全是白色，而對彼國全是黑色。因專挑選對於中國有貶辭的話，例如中國不安定的政治狀況，又如中國人排外示威運動，又如排斥洋貨之類，重說一番。次則援引李頓所說恢復滿洲事變以前之原狀態，並非解決辦法的話，表示贊同，而於其第二句話，即維持及承認滿洲國，亦非辦法云云，故意不提。彼之遺漏此語，立刻惹起聽眾注意，會場外新聞記者議論紛紛咸認為西門偏見太深了。故韋羅貝教授[29]說西門這篇演說，是不值得看重的。松岡則謂：他本人英文程度太差，說了十天的話，比不上西門爵士，用了幾句斟酌妥善的句子，在半句鐘內，說出了他（松岡）心中所欲說的話[30]。旋西門一面主張中日直接談判，一面卻又提議組織和解委員會，先做和平處理的工作，並擬邀請美蘇二國亦參預其事。

大會公開辯論，以中日二國代表開始，亦以該二國代表結束。故十二月八日之會，我國由第三代表郭泰祺（新任駐英公使）先發言，謂我國並無意與日本直接交涉，外間傳聞不確的，但我國願意在國聯參預之下，共同進行談判。松岡跟著作一十分激烈的演說。我迭次聽他的演說，看見他盛氣凌人的姿態，聽到他對人恐嚇的聲音，感覺到他內心可能有一種不可告人的自卑感，暗裡掙

---

29 Westel w. Willoughby, *The Sino-Japanese Controversy and the League of Nations,*（Baltimore 1935,）p.451 韋羅貝是施植之大使的得力顧問。

30 *Survey of International Affairs for 1933*（London 1933,）p.493 quoting The Manchester Guardian, December. 8, 1932.

扎，不知不覺，說了不少大言不慚的話。他高聲的喊道[31]：「吾們六千五百萬純粹日本血統的民族，如同一個人，一致起來，擁護這個從一九三一年九月十八日起，日本在滿洲所有軍事行動。你們以為吾們全體發了瘋麼？吾們認為這是有關吾們生死存亡的問題呢！」又說道：「我敢預料中國今後十年二十年裡，或竟在吾們一生裡，不會統一，亦不會有強有力的中央政府。」他又大膽地喊道：「假使國聯或其他國際機構，或若干國家，設法削弱了日本的國力，則可斷言在極短期內，蘇維埃制度，可能蔓延到揚子江口了！」

十二月九日，大會決定將調查團報告，連同四國提案，以及相關文件，一併交由十九國委員會研究，提出建議，報告大會審定。四國提案，係捷克、愛爾蘭、西班牙、瑞典四國代表會同提出之件，旨在譴責日本，而確定不承認偽滿之原則。日本代表對此草案，發言恐嚇，堅決反對。案雖未經大會通過，仍送交該委員會參考。旋即推定數國代表通盤起草。該委員會之初步工作，為設法向二國調解，已如上文所述。故擬設置一「特種談判委員會」，由國聯協助

[31] *Official Journal of the League of Nations, Special Supplement, No. 111,* (Geneva 1933), p.74.

及美蘇二國共同參加之下，根據國聯調查團報告各項原則，俾中日二國，得以開始談判。

滿洲國問題，無疑的是各方爭執的焦點。日本當然力主承認[32]。我國非正式表示，倘國聯報告書，不聲明否認滿洲國，我國可能退出國聯。美國亦以此點決定是否參加此項談判委員會。然我國對於國聯和解，原則上不反對。松岡經過幾次磋商與請示政府之後，亦有讓步表示：大致（一）兩國間之談判，固不得由特種委員會主持，但該委員會得協助二國，進行談判，此則不啻將日本反對任何第三國干涉一層，予以打消；（二）接受李頓報告各項原則，為有裨談判的基礎[33]，此則不啻將滿洲問題至少暫予擱置。故一九三三年二月間，日內瓦空氣，一度頗呈和緩之象。至松岡願意考景讓步原因，言人人殊。有謂日本戰後受國聯委任，統治德國北太平洋藩屬島嶼（包括馬林那 Mariana、加洛林 Caroline、與馬歇爾 Marahall 諸群島，現均歸美國受新國聯委任管理），以其在

32 一九三二年八月四日，駐美日使出淵對美國副國務卿凱塞爾 W. R. Castle說：他承認滿洲國是一個私生子，也可能是由強姦而生的孩子，但孩子已生，必須有人撫育，這是事實。見*U. S. Foreign Relatons, 1932, Vol. IV*, p.193.

33 參閱梁書三八七及三八八各頁。

太平洋地勢關係，頗有戰略上價值，日本若與國聯決裂，以致退盟，則此項委任權原，可能根本發生問題[34]。實則日本統治各該島，雖受國聯委任，然其權原，實根據《凡爾賽和約》德國向五大國放棄屬地之條文（第一百十九條），況該島嶼實際上既歸日本統治，斷非空言所能取消，故此說尚有研究餘地。我的看法：其中原因，端在滿洲自主（Manehurian autonomy 見上篇）之後，日本可享受種種實益，根柢益深，基礎益固，他日儘量發展，希望無窮，此種有百利而無一弊之辦法，在日本何樂而不為？按李頓調查團一九三二年七月間，再訪日本外相內田，主要目的，在阻擋或展緩日本承認滿洲國，已於上篇略述。當然該團已將一部分內容，如該團看法，日本軍事行動，不得認為自衛，又滿洲國之建置，並非由於人民自決各端，密為告知[35]。然滿洲自主一層，當在調查團深悉日本對於承認偽滿，不聽任何忠告，決計一意孤行之後，始決定作此具體建議，必以為調查團既已如此遷就，一旦發表日本可能接受，便有轉圜餘地。乃日本以已成「矢在弦上，不得不發」之勢，故不待李頓報告發表，亟欲造成

34 參閱梁書三九五頁。
35 梁書三六五至三六六頁。

不可挽回的局面，此在跋扈的軍人與法西斯的政客，固然自鳴得意，趾高氣揚，及其一朝失敗，日本從滿洲全境撤退，料且追悔當年之未曾懸崖勒馬也！

凡是侵略分子，其腦筋裡決無適可而止與懸崖勒馬的念頭。然自我國觀之，正幸日本之未曾懸崖勒馬。蓋假定日本適可而止，接受滿洲自主之建議案，我國若亦予接受，不啻變相的奉送滿洲，若不予接受，則日本變成擁護國聯，我國反立於反對地位，固然我可要求修正，然彼時國聯與日本，站在一邊，勢將同聲拒絕，彼時我國處境之困難，將有不堪設想者！

先是，西門爵士一直主張調解，當然是偏向日本的。到了一月中旬，一則以其十二月七日演辭，過分偏袒日本，不但在中美二國而且在英國本國，皆惹起了不愉快的反感，中國人民並聲言將排斥英國貨以為報復；二則日本屢用延宕手段，一面敷衍調解，一面不斷的進行軍事行動，此種作風，西門及其同事，皆覺厭惡；三則歐局惡化，深恐亞洲方面，造成惡例，勢必影響歐局。因此西門態度，轉趨強硬，主張從早接受李頓報告，並採取《憲章》第十五條第四節之規定，以資應付。緣日本雖屢有退出國聯之恫嚇，但若繼續得到西門之支持，尚欲免趨極端，至是西門態度驟變，日本遂決定退盟云。

初松岡對於邀請美蘇二國參加特種談判委員會一節，力持異議，十九國委員會認為此點可以讓步，但以日本接受本案即設置特種委員會之方案為限。至二月九日，國聯為攤牌計，十九國委員會以書面問松岡，是否承認東三省主權屬於中國？及是否接受該三省自主原則為調解基礎？其答覆仍言滿洲國為維持遠東和平之惟一保障，因此十九國委員會停止調解，而進入於報告建議的階段。該報告旋即草成，是為國聯報告，共分四部分。首將李頓報告前八章整個採用，次則將國聯以前通過各項辦法，重敘一遍，而李頓報告所未載者，則為補充敘入。其後半兩部分，一則說明中日爭執之性質與大會之結論，二則臚列大會為公平適當之各項建議案。建議部分，當然最關重要。但對於譴責日本的行為一節，雖然指出日本違背條約及不履行國聯議決案，又雖明言日本軍事行動，不得視為自衛，然並未稱為事實上與法律上之戰爭狀態，其為慎於措辭，與調查團用意無殊。可是大會鄭重聲明，以為固然一九三一年九月十八日以前之緊張狀態，似中日二國，各有其應負之責任，但自是日後事態之發展，其責任不在中國，換而言之，其間接的解釋，即是九一八以後，日本為侵略國，我國為受害國，大會於審慎考量之後，斷然作此判定，自為各方所重視。又其次，李頓報告內所臚列作為談判基礎之十項原則，大會予以接受，此當然包括滿洲設置自主機構（autonomous organization）之基本原則在內，此項機構，主權乃屬我國中央政府，由中央政府作一宣言，規定中央與滿洲地方官廳之關係，該宣言有國際上承諾的效力。至關於進行談判之程序與機構，取消顧問會議之說，而於大會建議案，得中日二國均予接受後，由兩國開始談判，但須由國聯組織委員會協助之。該委員會定由國聯會員國十二國組成，若美蘇二國願意參加，則定為十四國。此項組織，比之李頓報告所擬由滿洲地方代表共同參加顧問會議之說，流弊較少，自無待言。又大會報告將李頓所遺漏兩點補入：即（一）推行不承認主義及（二）日本撤兵，並認撤兵為談判第一目的。綜觀以上各端，自我方之立場言之，大會報告，自較勝於李頓報告，雖尚有未能滿意處，要為比較的易於接受矣。

一九三三年二月二十一日，大會開會，主席伊茫斯鄭重地說明：和解既然失敗，大會自當將其報告提出討論。二十四日是國聯歷史上的紀念日。是日，主席首言十九國委員會各國出席代表，既已參加討論，本日均不再發言。因請中日二代表發言。顏代表說：吾們對於大會報告遺漏處，覺有遺憾。又該報告敘述事實經過，及其所作結論，吾們亦未能完全同意。然中國既是當事國之一國，吾們認為不便堅持己見。我政府是忠實的國聯會員國，現在第三國基於公理所為之判斷，自為我國所信仰。因此中國政府當投票接受該報告云。

其次，日本代表松岡發言，更作一十分激烈地絕無禮貌地長篇演說。伊又大聲喊道：「中國之為中國，不合於西方民族所習用的國家字樣！」「中國已陷於無政府狀態！」又謂：「吾人不可以虛構理想應付中國問題。」並謂：「我現在所說的話，是指我所了解之真的中國，是事實上的而非理想中或想像中的中國，是幾次從事戰爭而今日又欲引起戰爭的中國，是自己不會打仗而叫遠處友邦跟近鄰打仗的中國。」更謂：「今日有兩個中國，一個是軍閥是政客，是這幾位先生（以手指指著顏、顧、郭三位代表）曾在國外受了教育，而今天在這個會場代表一個想像中的國家的中國。另一個中國，是為軍閥政客服役受苦的四萬五千萬人民的中國。此輩軍閥政客向不為其人民福利著想的。你們諸位豈以為通過報告，可為受苦的中國人民造福耶？」[36]故松岡主張不將報告通過。

---

[36] *Official Journal, Special Supplement, No. 112*, p.19.

彼於結束演講時，並稱熱河為屬於滿洲領域，其欲將該省併吞於滿洲國之意，於是益明。

松岡演說既畢，仍尚有三位他國代表致辭。辭畢，已是午後一點半鐘。大會於是唱名投票，五十七個會員國中，此日有四十四國出席。贊成票四十二國（連同中國在內），反對票日本一國，暹羅棄權。按照《憲章》第十五條第十節之規定，不算當事國之票數在內，故作為該報告經大會一致通過。於是主席伊茫斯宣稱：現經全體通過之建議，是對於本案之解決，貢獻一種合作的基礎；並謂《憲章》對於遵守國聯建議之會員國，相約不與作戰（第十五條第六節），此點應予注意；又謂此案終有達到國際解決之一日，以示並不絕望。迨一九四五年日本退出滿洲，全案因得解決，此則恐非大會主席心目中所為國際解決也。

松岡於是重登講壇，讓其預先準備的短篇演說，謂投票結果，深為惋惜，惟諸位努力尋覓解決途徑，亦殊可感，遂宣稱關於中日爭端，日本與國聯之合作，已達到一種限度等語。說畢，這位戴眼鏡有黑髭的日本代表，傲慢地從講壇緩步下來，點頭招同其本國可僚及隨從人員，約有三十多人，齊起跟同魚貫步出會場。此時全場寂靜無聲，空氣極度緊張，當然無人不感覺到事態益見惡化，梁君所謂「全場屏息側目，咸知柳條溝一隅之事變，將掀起太平洋整個之波瀾」，實在中有之至。然無人信為，亦無人希望空言譴責，或則發生感格作用，或做到事實上的譴責。許多人認為國聯實已仁至義盡，亦有人仍盼其作進一步之措置。亦有看到日代表退出會場，深感不快，竟以為僵局之造成，固然由於日本之侵略成性，而對於中國之無力抵抗，尤多責備。作此感想之人，正非少數，而卸任國聯秘書長德留蒙（Sir Erie Drummond），尤為其中之一人。

日代表退出會場後，特別大會按照預擬計畫，決定此後依照《憲章》第三條大會得處理有關世界和平之事項的規定，由常會繼續處理中日事件，故特別大會，遂告結束。亦以證明國聯看法，第十五條並非當然的進一層引用第十六條，即施行制裁之一條也。

是日午後大會復開會，以結束其工作。在會場裡發生一事件。先是，主席伊范斯提議，改組顧問委員會，以繼續處理中日局面，除原來十九國外，並加入加拿大、荷蘭二國，此外並邀請美國、蘇聯參加，共為二十三國。說畢，顧維鈞登臺演說，以午前松岡演講，侮辱我國，我代表團尚無答覆機會，故欲乘機公開答覆。因言「松岡關於我國的說話，不顧事實真相，損壞我國名譽，此種攻擊，是不值一文的。其意固在對我辱罵，但多自相矛盾之處，例如他一方面說我國已陷於無政府狀態……」說至此，秘書長德留蒙向主席低聲耳語後，主席猛敲小槌，謂今晨業已結束之辯論，中國代表不許再談，惟對於方才主席提議，顧博士若有意見，可以發表。顧氏不慌不忙，立刻答稱：晨間日代表對中國多所指摘，本國代表團未有機會發言，故認為應予答覆，茲為重視主席意旨，本人不再提此事，可另用書面覆文，送致秘書長，陳述我方意見。顧氏隨即繼續作長篇演說，特為強調熱河危急情狀，以表明日本繼續進行侵略，可見第十六條所稱「從事戰爭」之狀態業已存在，特顧氏避免用此字樣耳。顧氏於其結語嚴重地說：「殘酷的戰爭，茲已開始了！在國聯會員國方面，將團結一致以縮小戰事而阻止之耶？抑或各自為政聽令先後一一捲入漩渦耶？」顧氏說畢，以無他國代表發言，大會通過主席提案而散會。這個新設的顧問委員會，公推挪威代表朗格（Chriatian Lange）為主席，並設立兩個分委員會，一以討論不承認滿洲國問題，一以討論禁運軍械問題。

美政府對於二月二十四日國聯報告，迅速的表示贊同，並派其駐瑞士公使威爾遜，參加新的顧問委員會，仍無投票權，蘇聯則謝絕參加，故共有二十二國。關於禁運軍械一層，英政府首先實行，對中日二國同樣適用，實行兩星期後，以並無他國響應，遂予取消。至關於不承認問題，該委員會從技術方面研究，議定詳細辦法，對於幾個國際公約，以及郵政護照簽證通貨匯兌等種種事項，均將滿洲國擯出，頗為徹底，此為該委員會之惟一成績。此後直至一九三七年蘆溝橋事變發生，該委員會方始擔任重要工作，詳見後段。

是年三月二十七日，日本通知國聯，依照《憲章》第一條規定，兩年後退出。該條（第三節）說：會員國退出時，須將其所有國際上義務，以及依照《憲章》擔任之義務，皆予完成。日本解釋為須繼續照付會費二年，並無其他責任。我國解釋為日本於退出時，須完成已往及該兩年內國聯大會及行政院所通過各項有關議決案，並對於國際上義務，如《九國公約》與《非戰公約》等，亦均須完成。我國並認為日本於通知退出後，國聯應付日本，反可採取更為有效之措置。及兩年到期，日本正式退盟，我國常駐代表胡世澤，以日本並未完成其種種義務，請國聯新秘書長阿武諾爾（Joseph Avgol）予以注意。我方解釋，未經接受，然其法理上之正確性，要亦無從否認也。

（十）特別大會結束後、蘆變發生前、四年中幾椿大事

民國二十二年即一九三三中國聯特別大會報告通過之際，日本早開始向熱河策動，該省旋亦淪陷，日人既已全部佔領東四省，進而西窺察東，南逼長城，我軍雖在豆峰口等處，奮勇抵抗，終於不支。敵軍乘勢南驅，進逼灤河通州一帶，平津告急。黃膺白先生奉派為行政院駐平政務整理委員會委員長，鑒於局勢日非，刻不容緩，挺身而出，於五月二十二日午夜，與該處日本外交官及海陸軍武官，徹夜磋商，訂立停戰協定，電經中央核准後，由中日二國軍事代表，於同月三十一日在塘沽簽字。依照該協定，自長城起迤南約有五千方英里地區，包括河北省東部十九縣在內，中國軍隊，向西向南退出，日軍向北撤至長城線外，該地區之治安，歸中國警察擔任維持，成為緩衝區域，或不駐兵區域。我軍如約撤出，日方過了兩三個月始撤兵長城外，其通車通郵設關聯航諸問題，亦得次第成議。該協定一方面不承認偽滿之成立，亦不承認東四省之割讓，他方面暫得解圍，給我政府人民一個喘息機會，苦心孤詣，有裨全局，故獲得多數國人之諒解與國際間之重視。亦以其時日本侵略華北，時機尚未純熟，故當

局得以迎機運用，暫支危局。此事始末，亦雲夫人所撰〈塘沽停戰協定〉一篇（《傳記文學》一九六五年一月第六卷第一期）持論平允，且皆根據其親自保存的第一手資料，確是信史。此外中外書報，記載頗不少。英國前任首相艾登之《回憶錄》，亦有幾句提及。他說中國允撤兵至長城以北，自是錯誤，我曾去函請注意，得覆稱謝[37]。

民二十三、二十四年間，日本將其所謂在東亞「神聖的天職」，赤裸裸的昭告全世界。二十三年即一九三四年一月間，日外相廣田弘毅（Koki Hirota）在其國會中，宣布日本式的孟祿主義，聲稱日本在東亞擔負維持和平全部責任，對於中國之國際關係，竟說日本有否決權。同年四月間，日外部新聞局長天羽英二（Eiji Amau）又發表談話，聲言國勝或任何國家所給與中國的協助，經日本認為其性質足以妨害東亞和平，或足以引起該地域之糾紛者，皆應停止。兩項宣言，野心畢露，既欲降我國於附庸地位，又欲將西方在華勢力完全排斥。故我政府及英美各國同聲反對，獨英外相西門爵士，尚有迴護日本之處。日本為

37 *Earl of Avon, Facing the Dictators*, p.594.

減少西方反感，宣稱尚無對中國本部策動之意，又謂當遵守開放門戶政策。然次年即一九三五年十月間，致我國駐日大使牒文，所列三項原則，則並無此項說法，可見其專為對外宣傳而說的。此外尚有異同之點。其所送我國之廣田三項原則：（一）中國須明確放棄其與歐美各國攜手以抵制日本的政策，換言之，即中日友誼，須向日本一邊倒的，須排斥歐美的；（二）中國為表示對日誠意，應正式承認滿洲國，即一時辦不到，亦當予以事實上承認；（三）中日二國切實合作防共[38]。故當年國聯對我技術上合作，以及英美對我經濟上金融上協助，即我政府改革幣制計畫，日本概予反對。其對於英政府派遣李斯勞司（Leith-Ross）到華，調查經濟狀況，以備對我援助之舉，日本軍人，指謂英國用意，在將「次殖民地的支那，劃歸英國資本支配」云云。

其時日人製造「華北特殊化」、「華北明朗化」種種口號，企圖策動華北脫離中央，遂由當地日本軍官與關東軍特務人員等等，隨時激起或利用地方性的衝突事件，向我地方官員威嚇利誘，無所不用其極，無非欲做到華北自樹一

[38] See Shigemitsu, *Japan and Her Destiny*, p.98; *Cordell Hull, Memoirs, Vol. I*, pp. 279-280; *Survey of International Affairs for 1934*, pp.649-659 and *Survey for 1935, Vol. I*, pp.319-320.

幟，建設特殊政權，以便進一步蠶食併吞。當然多數人不為所撓，亦不為所惑，然甘心附敵之人，亦頗有之，如殷汝耕之「冀東反共自治政府」，罪惡昭彰，實開惡例。同時，關東軍在張家口，亦製成類似的政權，以蒙古德王為傀儡，而由日人顧問操其實權。後來南北偽政權，接踵而起。即歐戰中希特勒亦復充分效尤，如在法國設立維希政府（Viehy）是。原來日本為便於侵略起見，每毫無顧忌的創造種種地理上新名詞，其在滿蒙，早有「南滿」、「東部內蒙古」等名稱，至是又特創「華北」名稱，包括察哈爾、綏遠、河北、山西、山東五省，計其面積，約略等於全歐洲五分之一。於是日人一面利用《辛丑和約》，儘量進兵關內，同時更欲擴大《塘沽協定》範圍，設法將我方駐軍地區，愈益縮小。適於一九三五年五六月間，天津發生了「河北事件」，日本向我提出嚴重要求，結果，訂立《何梅協定》（Umetsu-Ho Yingching Agreement，我國代表何應欽，日代表梅津美治郎），有我國軍隊若干部被迫撤出，河北平津國民黨部亦撤銷。日人隨即加緊鼓動華北自治，要劃作「防洪區域」，又要劃歸「緩衝區域」，形勢非常緊急，但是遭遇了我國及美國之激烈反對，日本內部亦有異議，亦因此項策劃，彼時仍未十分純熟，因而暫時擱置。

於此先插幾句話，略述日本蘇聯兩國的微妙關係。緣自九一八事變發生後，兩國彼此防範，相互疑懼，日甚一日，然蘇聯對日，未能以武力相周旋，故用外交手段以為應付。原來兩國間利害衝突處甚多，而以中東鐵路之爭執為最嚴重。該路是中俄二國合資經營之事業，長約一千英里，橫貫北滿，為從西伯利亞至海參崴之捷徑，具有商務上及戰略上重要價值。其時蘇聯與我國新復邦交，蘇聯不顧一切，竟於一九三三年四月間，向日本提議，由該國之居間與主持，將該路售與滿洲國，遂開始三方談判。是年五月十六日，我國新任駐蘇大使顏惠慶，稱此項談判，為蘇聯與非法政權作非法的勾當，提出嚴重抗議，蘇聯置若罔聞。他們磋商路價兩年之久，竟以低價出售於偽滿[39]，我國又提抗議，仍置不理，完成交易。

一九三五、三六年間，中日開形勢略見緩和。適一九三五年初王寵惠回海牙法官任，道經日本，奉蔣公命，以私人名義，向日本口頭解釋我國政策，並探明日本真正態度。王氏晤見日本朝野要人甚多，我國並無具體案，亦無具證

[39] 日幣一億四千萬元，見錢泰《中國不平等條約之緣起及其廢除之經過》，第四十一頁。

結果，只兩國間發生一種極不正式的諒解而已。當然日本軍人與浪人以及特務人員，在華北各處活動，仍然有增無減，然軍事無多發展，故局面稍趨平靜，兩國邦交，表面上亦稍見改善。其主要原因，則由於東京發生二二六暴動事件。原來九一八事變爆發以來，日本軍紀蕩然，少壯派軍人，每用暗殺手段，以逼迫政府推行對華積極政策，四年間已有六次。是年（一九三六年）二月二十六日，該國第一師團作亂，佔據首相官邸警察總署內政軍政參謀各部及東京市三區，殺死內政大臣齋藤實（Minoru Saito）等四人，傷幾人。首相岡田啟介（Keisuke Okada）以有別人做了他的替死鬼得免，西園寺聞變先逸亦免。是日東京下雪，雪裡往往見血迹，全市戒嚴，交通全停，政府停止辦公。外交使節有冒險往日外部致慰並探聽消息者，以外相不在部，由重光葵接見，各使皆握手錶示同情，阿富汗、暹羅二使，至謂彼等向認日本為遠東之燈光，何竟於陷於無政府狀態！語罷歎息。重光慚感交並，低首稱謝而已[40]。該事變經三日後始得鎮壓平定。我方乘機設法改善邦交，遂有「一面抵抗一面交涉」之口號。先是上年十一月

[40] *Shigemitsu, Ibid*, pp.107-8.

十九日國民黨五全大會，蔣委員長曾言：「和平未到絕望時期，決不放棄和平，犧牲未到最後關頭，決不輕言犧牲。」委曲忍痛，藉以爭取充實國防時間。而外長張岳軍（群）亦於是年（民二十五年）五月二十五日，發表重要演辭，大旨謂中日兩國關係，若不亟予通盤重整，不但有損兩國利益，亦且牽及東亞和平，遂與新派駐原之日本大使川樾茂（Shigeru Kawagoe）幾次直接談判，乃日方拒談滿洲問題，卻高唱共榮共存與兩國互不侵犯互不威脅之論調，陽示親善，實無誠意。終以日方堅持我方（一）無條件接受廣田三項原則，及（二）默認華北脫離中央，故商談無結果。是年底遂告停頓，則以一則日本軍人唆使偽軍串同蒙古軍隊在綏邊搗亂，二則是年十一月二十五日日本與德國訂立《反共協定》，遂使中日關係與國際形勢，皆益見尖銳化也。

緣日本軍人為反對中日妥協，而欲抵消雙方在南京外交談判的作用起見，其特務人員，特在綏東煽動偽滿及蒙古軍隊，向我方尋釁，綏遠省主席傅作義率師擊破叛軍，乘勝東追，收復百靈廟。我因此想起，其時膺公病篤彌留之際，聞此捷報，半昏迷中皆指揮軍事之語，亦雲夫人補撰誄辭，所謂「百靈小捷不足數，一路二路斷續吐，是君最後呻吟語」是也。是役我軍擊退偽軍及蒙古軍，原未與日本軍隊直接接觸，更以懼啟嚴重糾紛，亦未窮追叛軍，適可而止，故稱小捷，然士氣為之振作，全國大為興奮，然亦因之未便繼續與日方進行談判。同時以日德新訂《反共協定》，日蘇關係，亦益見惡化，原來中東路問題雖經解決，而兩國間邊界衝突，漁業糾紛，以及其他爭執事件，層見疊出，至是而呈每況愈下之現象矣。

是年十二月十二日，駭人聽聞的西安事變發生，蔣公見留西安兩星期，於耶穌誕日，偕同事變主謀人張學良，同機飛繞洛陽而回南京。當事初起，舉國惶恐，及蔣公平安返京，舉國歡喜。其事變前因後果與經過詳情，著述甚多，請先讀孔庸之先生《西安事變回憶錄》。（見《孔庸之先生演講集》下冊第六五七至七〇四頁，《傳記文學》月刊，亦有選載。）我於撰寫〈中國與國聯〉英文稿，敘述此事，係根據胡適之先生一九五〇年在《美國外交季刊》所發表之〈在史達林大策劃下的中國〉英文篇[41]。胡君說；釋蔣是莫斯科的主意，蓋史達林深悉中國抗日，有利於蘇聯，然非蔣公無以領導抗戰，而聯合共黨以抗

41 Hu Shih, *China in Stalin s Grand Strategy, Foreign Affairs*, (October 1950), pp. 27-33.

日，則有利於共黨的前途，一舉兩得，足徵史達林手腕之高妙。此說可與孔先生所說：「若國府軍隊憤蔣公之蒙難，加緊剿共，日本更從中以誘導之，則張、楊不足平，延安亦不能守，而日本與聯日後之中國，將在東亞構成蘇聯最大之威脅。蘇聯政府，雖不心喜蔣公統一政府，而卻更懼中國政府之聯日，故於熟權利害之下，認釋蔣為有利。」數語，從正反面相互參證也。

（十一）蘆溝橋事變、第二次淞滬戰役、南京失守、日軍暴行、我政府西遷漢渝

民二十六年即一九三七年上半年華北局面，表面上尚屬平靜，已如上述，實際上日本藉口《辛丑和約》保護使館及維持平沽交通之規定，不斷的進兵關內，駐紮平津一帶，步兵、砲兵、飛機、坦克車，各色俱全，人數總在萬人左右。且隨時隨地作大小規模的野戰演習，既以示威，亦且挑釁，當然隨時可與當地我軍（第二十九軍）發生接觸與衝突。果然是年七月七日，日軍一部隊，又在距北平西南約九英里之蘆溝橋附近演習，歸隊時，謂走失士兵一名，並稱他已

被逼進了宛平縣城，日本軍官要求深夜率隊進城搜查，經我國駐防該城的吉星文團長拒絕，日軍即開始包圍宛平，並向城內他轟，我軍奉命予以猛烈回擊，此即七七事變爆發經過，亦即八年對日抗戰之第一砲聲[42]。

其時近衛任日首相（是為近衛第一次組閣其後又組閣二次），緣自五年前犬養毅遇害後，日本兩黨政府制度，已歸消滅，繼任四閣，皆是軍部傀儡，林銑十郎（Senjuro Hayashi）作風較為和平，至是易以近衛。近衛號稱思想開通，不受軍閥指揮，實際上也是一位狹義的愛國份子。在其首相任內，是年即一九三七年，日本開始大規模向中國本部侵略，越三年，參加德、義、日三國軸心同盟，又一年，進兵安南，以致日美談判決裂，釀成太平洋之戰。迨日本投降，近衛終於自殺。美國國務卿赫爾鑒於他自身的經驗，曾言吾們若相信此

42 關於七七事變的讀物很多，可先參閱（一）秦德純〈七七蘆溝橋事變經過〉（《傳記文學》第一卷第一期），內有特別第一手資料，須注意。又（二）《劉汝明回憶錄》（《傳記文學》叢刊之五）第一一二至一三四頁，又同書附錄一七五至一九一頁。至日人所稱失蹤土兵，聞後來平安回到日營，我曾有記載，忘所依據，覆查尚無所得。然日人本係借端挑釁，有無其事，已不可知，該士兵是否回營，則更無關宏旨矣。

輩日本人，與作壇坫周旋，是一錯誤[43]。

我政府為求和平了結，曾於事變後十日即七月十六日，通牒《九國公約》簽字各國（日本除外），並另加德、蘇二國在內，稱日軍最近軍事行動，顯然違背《九國公約》、《巴黎非戰公約》及《國聯憲章》，中國政府茲願依據國際公法及條約上規定之任何和平解決方法，以解決中日事件云云。蓋國聯對於國際上任何嚴重局面，早顯見無力應付，而處理遠東問題，尤須美國支持，故我國欲召集九國公約會議，其意自頗明顯。同日，美國務卿赫爾宣稱：美國對於同盟以及其他足以拖累美國之負擔，皆所避免，然用和平而辦得通之方法，共同努力，則為吾人所相信云云。國聯方面，認為此乃美國願與國聯合作的表示，然美國態度，仍是不落邊際，舉棋無定，而與國聯相互推讓的。

是月十七日，蔣公在廬山談話會，提出嚴重表示[44]，其言曰：

這次蘆溝橋事件，並不是偶然，如果蘆溝橋可以受人壓迫強佔，那末，我

43 *Cordell Hull, Memoire, Vol. I*, p.285.

44 蔣總統言論彙編（台灣四十五年出版），第二第三第四各頁。

們百年故都，就要變成瀋陽第二，北平若可變成瀋陽，南京又何嘗不可變成北平？所以蘆溝橋事變的推演，是關係中國國家整個的問題，此事能否結束，就是最後關頭的境界。萬一真到了無可避免的最後關頭，我們當然只有犧牲，只有抗戰。

蔣公又表明解決事變的立場四點：（一）任何解決，不得侵害中國主權與領土之完整；（二）冀察行政組織，不容任何不合法之改變；（三）中央政府所派地方官吏，如冀察政務委員會委員長宋哲元等，不能任人要求撤換；（四）第二十九軍現在所駐地區，不能受任何的約束。這四點立場，是弱國外交最低限度云云。然日本處心積慮，企圖變相的併吞華北，故只許地方性的解決，不許南京插嘴。到了是年七月底，我國認為已到最後關頭，從此一心抗戰，至日本投降為止。

日本對我侵略，雖以地區關係，分期分段進行，卻是整個方案。故日本陸軍佔領平津耀武揚威之際，其海空軍在中南部亦不甘落後，躍躍欲試。緣自蘆事發生後，日本海軍在我國沿海，而其空軍在我國領空，不斷的分別示威。又揚子江各埠日本僑民僑商，均由日本砲船護送撤退。同時派大批兵艦飛機到滬。其在上海，日本作種種軍事方面的布置，顯欲藉端尋釁，襲攻毗連租界之中國城市，如五年前第一次滬戰故事。蓋日人利用租界為進攻退避之地，作戰方面，對他有益無損，則亦何樂而不為？我方為自衛計，亦復調動軍隊，建築防禦工事。在此兩方對峙的嚴重局面之下，早知難免一戰，果然，戰事於是年八月中爆發了。原來滬西虹橋我國築有軍用飛機場，日本海軍陸戰隊，時時派人前往偵察，我國迭提抗議，皆置不理。八月九日，有日本海軍軍官一人，偕同水兵一人，未經我方准許，竟開車闖進機場，門口一個守門哨兵，向前阻止，該兩人即開槍，哨兵並未回擊，附近保安隊聞槍聲趕至，日人又開槍，保安隊還槍，將該二日人擊斃，此為第二次淞滬戰役之近因。日人辯稱該日人一名，是保護日本紡織廠員工的，但在該機場附近二英里內，並無此項工廠。總之，日人有意惹出事端，是其慣技。戰事發生前二日，駐南京英、美、法、德、義五國大使，請求中日二國允將上海劃出戰區之外，及戰事發生，英國經洽商美法二國後，復提議請中日二國將其軍隊戰艦，各從上海撤退，其公共租界內日人生命財產，則由三國擔任保護。此外美國又單獨籲請二國，不以上海為軍事根據地，亦不以上海為戰區。我政府固願將事件縮成地方性，用外交手段解決，然日本毫不讓步，日本曲解一九三二年五月五日《淞滬停戰協定》，謂中國軍隊不准駐滬，亦不准設防禦工事，故要求我國撤軍，並拆毀所有防禦建築，殊不知該協定簽字時，我方曾聲明對於上海境內我國軍隊之行動，不因該協定而永受限制，日方於此當時並未表示異議，故我拒絕日方要求，至是外交上之努力，終歸無效。

八月十三日，日軍襲擊大上海市中心，我軍奮勇抵抗，繼之以反攻，吾們全憑以身衛國之士氣，以彌補軍械上的缺乏，不但我軍軍器遠遜敵軍，而敵軍以租界為基地，且其軍艦停泊黃浦江中，四周多中立國船隻，我軍投鼠忌器，無從下手，我軍應戰困難，概可想見。初時戰事限於上海附近地帶，我軍反攻，頗為得勢，某次我軍逼近租界北段，幾乎奪獲虹口日軍司令部，仍以懼致引起嚴重糾紛而未果。其後日軍陸續增派援軍到滬，加緊向我迭次進攻，並於揚子江岸幾處抄襲後路，咸被我軍擊退。我軍在蔣委員長躬親指揮之下，相持了十一個星期。固然吾們在後方京滬間，預設幾道堅固防線，以便退守，總以面子關係，除稍稍後退重整陣線外，並無總撤退之舉。至十月底，閘北不支，不得已而作有秩序的撤退，仍留一團人死守該地，外國軍人看見這團人孤立死守，危急萬分，發現人類的同情，力勸從租界安全退出，但是該團以未奉命令，謝絕友軍的勸告，寧願死守不退，此為第八十八師第五二四團，外人稱為lone battalion（孤立軍團），為此次淞滬戰史最光榮的一頁。是月（十月）二十八日，倫敦《泰晤士報》社論，題為〈一樁勇敢的抵抗 A Gallasnt Resistance〉，茲為轉載譯文於左：

先謂本報對於此次上海作戰，中國軍隊之英勇智謀，表示最大敬意。繼謂日軍欲使滬華軍局部而有計畫退卻，變為總潰散，殆將感力盡精疲之苦。日軍之最大與惟一目的，在摧毀中國陸軍，使之不復有堅強有效之戰鬥力，苟無以達此目的，則土地縱有所得，亦無大關係，以目前所知，日軍殊未有達此目的之可能。日軍縱謂殺死華兵甚多[45]，縱謂上海戰事此後不再延長，然實則未必如是。上海十週血戰，將有一日證明中國已安置從來未有兵力之基礎矣。華軍現已從滑稽故事之迷霧中，脫穎

45 該報說日人殺死華軍二三十萬人，其中多南京直系精兵。

而出，此為近世史中之第一次，雖華軍大部，係現猶訓練未充足，武裝未齊備，並因無力置備雨衣，猶攜傘與俱。然外人所認為不能支持一週之陣地，竟至十週之久，而其退卻，也在任何新式陸軍不能抵抗的猛烈砲火轟炸之下，仍能有秩序作整齊之退卻。吾人於此見滬華軍之抵抗，將在中國各處，發生精神上影響，不獨今日如是，即將來亦然云。

同月次日即二十九日，蔣委員長在松滬前線，召集前方將士訓話說：

「現在我們右翼陣地，已移到蘇州河的南岸，這是我們滬戰最後的一線，就要死守這一線陣地，至少要能支持三四個月。我們要獲得國際的同情和贊助，必須我們自己先要有抗戰的精神和決心，能夠持久不懈，拚戰到底。如果我們在這次上海戰爭發生以後，到雙十節為止，不能以壯烈的犧牲，予倭寇以最大的打擊，來支持陣地，制止敵人的侵犯，則本月五日美國羅斯福總統的正義演說，不會發表，國聯譴責日本暴行的議案，也不會通過。目前《九國公約》會議即將召集，倭寇顯已成為舉世所共棄的國家了！」[46]

不幸在離上海西南約五十英里的乍浦地方，我軍正在換防之際，有大批日軍登陸，大規模的包圍我軍，我淞滬前線軍隊，受了極大威脅，不得已放棄上海陣地，向西撤退，敵軍乘勝追逐，節節進攻，南京遂於是年十二月十三日失守。

當年日軍軍威所至，其軍官士兵，對待佔領區官民，野蠻橫暴，無所不為。如駐呂宋總領事楊光泩與其全館同事，以及濟南交涉員蔡公時之遇害，尤為慘烈。日本人對亞洲同種人，尤多虐待，故其所宣傳之大東亞共榮共存口號，每失去其號召力。按日本人自己的解釋，謂日本上級軍官對待士兵至為嚴厲，士兵稍有過失，即遭摑掌，故常以其加之於己者，變本加厲，施之於人。其為不顧人道與蔑視公法，實在無可掩飾。吾們本於不念舊惡的精神，原不欲再有提及，惟對於日軍在南京的暴行，實覺痛恨之至。觀於國際軍事法庭，以日本司令官松井石根（Iwane Matsui）不加阻止，行同放縱，認為他重大戰罪之一端，

46 此段訓話，與關於第五二四團的記載，以及泰晤士報社論譯文，均從蔣總統言論彙編第四十三至四十七各頁轉錄。

故判處死刑，可見國際間視為情節嚴重，無可寬恕。故我為簡敘於此，一以垂戒於將來，一以對日本皇軍表示惋惜。茲根據持論公允記載確實之《大英百科全書》所載一段[47]，譯錄於後：

> 一九三七年十二月十三日日本人攻取南京後，從事於歷史上未曾有過的大屠殺。他們用了粗繩，將老百姓們綁成一串，用機關槍掃射斃命，視同兒戲。其對於女性，犯了駭人聽聞的罪行，除了少數女人，因藏匿於宗教團體的場所得免外，很少人免受日本兵強姦者，即老婦女孩，亦皆不免。尤可惡者，大多數女人被強姦後，仍遭慘殺。確可稱為近代人類史上最黑暗的一頁。

又曹潤田（汝霖）《回憶錄》，對此節記載更詳。並說：日軍「號稱文明國軍隊，出此野蠻行為，不但增加中國人民仇恨之心，更在國際上留此污點。

---

47 *Encyclopaedia Britannica (1964), Vol.23, p.792Q.*

身為司令，使日軍行野蠻舉動，不加阻止，真可為日本之國恥。」[48]

南京失守前，我政府已西遷漢口，首都既陷，日人認為我方已無作戰能力，必且求和，故暫停軍事行動。在此幾個月前，日本已擬定條件，託由駐華德國大使陶德曼（Trautmann）向我提出，內容甚酷。至是日軍得勢，軍閥氣燄益盛，故條件亦愈酷。大致（一）倘在中國任何地方有必要時，得劃定不駐兵區域並建設特殊政權；（二）中國放棄親共反日反滿政策；（三）日滿中三國訂立經濟合作協定；（四）對日賠款。此等條件，我國萬難接受，然為緩兵計，亦不肯定拒絕。日方則以我一再遷延缺乏誠意，遂將條件撤回，決意進攻武漢。我方趁此時間，一面加緊準備，一面更將政府西遷重慶。民二十七年即一九三八年三月間，在蘇魯兩省邊境之台兒莊（距徐州東北約三十英里），我軍得勝，破壞了日軍會攻漢口之計畫，耽擱了七八個月之久。然漢口終於是年十月失守，我政府在渝布置粗定，雖有敵機屢施疲勞轟炸，而士氣益旺，信心益堅，在蔣

[48] 曹汝霖一生之回憶第三一四、三一五各頁。此書一九六六年一月香港春秋雜誌社出版，紐約友方圖書公司，亦有出售。又其時南京人口一百十萬人，是年失守後，十日間減至二十五萬人。見*Life Magazine*, New York October 7. 1966, p.79.

公督導之下，敵愾同仇，抗戰八載，直至日本投降後還都南京。

（十二）我國復向國聯聲訴

國聯特別大會，已於一九三三年二月間通過報告後解散，告一段落，將中日問題移歸行政院及每年常會，繼續注意，予以處理，同時改組顧問委員會，由二十一國會員國參加，美國派員觀察，前面均已說過。當時蘇聯謝絕派人觀察，後以既加入國聯，遂亦加入該委員會，連同我國在內，成為二十三國委員會。推由臘脫維亞國外長孟特斯（Munters）為主席。美國派其駐瑞士公使哈力生（Leland Harrison）為觀察員。一九三七年九月間第十八屆大會開會，我國根據《憲章》第十第十一第十七條，於是月十二日，復向行政院聲訴，第十第十一兩條，前經引用，第十七條為非會員國而設，以處理會員國與非會員國及兩非會員國間的爭執事件。其時日本早已退盟，故我政府同時援用此條。我於重提聲訴時，曾聲明國聯以前各項議決案繼續有效，以貫徹我國對於日本退盟仍須完成其義務的主張。

依照第十七條規定，若非會員國接受邀請出席參加，則其一切義務，與會員國一樣，倘該非會員國不肯接受該項義務，而對會員國作戰時，即適用第十六條（施行制裁條）之規定。故日本若謝絕邀請，即是拒絕接受會員國義務，而華北淞滬各處軍事行動，當然是作戰行為，論理，國聯已可對日施行制裁，事實上卻不如此直截了當，則以當時歐局惡化，動一髮而牽全身，最為會內會外主要各國所顧慮。緣德國先已退出裁軍大會，繼又退出國聯，並違背《凡爾賽和約》，實行佔領萊因河西岸地區，積極重整軍備，英法窮於應付，無如之何。義大利已併吞阿比西尼亞國，國聯雖一度試行對義制裁，而英法二國間與英國內部，主張均不一致，結果失敗，此為國聯二十年歷史中施行制裁之惟一嘗試。事後莫索里尼嘗語人，謂若使禁售石油之舉，果見實行，短時間內可逼令義軍停戰。彼對國聯絕對藐視，宣言不久當退出此將倒之廟宇，即國聯之謂。又西班牙內戰，正當猛烈進行，名為內戰，實即法西斯國與共產國家相互鬥爭之前奏，英法介於其間，備受艱窘。總之歐洲局面，日趨危急，英法既無法挽回，轉而傾向妥協苟安之一途。至於蘇聯，雖已得美國之承認，又得進國聯合會，似可與西方各國實行合作，然其內部正忙於整肅清黨，自無暇亦無力對外應付矣。

反觀美國人的態度，則世局愈見惡化，即美國人愈欲託庇於中立法規，而企圖避免捲入漩渦，即其當局一言一動，亦愈覺有出以慎重的必要，稍或不慎，即遭人民劇烈反感。一九三七年間，國務卿赫爾，以國內孤立派勢力日益膨脹，引以為憂。適是年九月間，羅斯福總統將出巡美國中部西部一帶，事先赫爾請羅總統在孤立派所盤踞之芝加哥發表演說，主張國際合作，以冀喚起輿論，納諸正軌。羅總統以為然，因囑赫爾先為起草，初稿措辭溫和，恰合分寸，乃羅總統以己意補充數語，大旨謂現世界不法行為到處蔓延，已成了一種疫症。當時疫流行之時，吾人隔絕病人，以防蔓延，而保全整個社會健康。則凡侵害別國權利之國家，吾人為保持和平起見，亦應採取積極方法以為對付。是為是年十月五日芝加哥的防疫演辭（Quarntine Speech）。該演辭發表後，美國內輿論大譁，對總統多所責備，甚至有主張提出彈劾者。是本欲以國際合作之說，指導輿論，結果南轅北轍，適得其反，美人畏戰空氣，愈見濃厚，軸心國得此間接鼓勵，無怪其興高采烈，益無忌憚矣。

其時美國雖派觀察員列席，參加討論，然悉聽國聯決定，自己不作主張，其態度一如往時。反之，英國則惟美國之馬首是瞻，固然不甘落後，卻亦不欲爭先。此等作風，彷彿我國赴宴舊習慣，凡排在首座的主客，必然很有有禮貌的，但是很堅決的謙讓一番，須經過相當時間，始得各人就座開筵。在此情形之下，欲求國聯有所作為，真是不可能之事。

（十三）日本飛機轟炸我國平民

自一九三七年七月起，日本空軍不斷的轟炸我國城市，包括東部之南京及上海近郊城市，又中部之武漢各處，又南方之廣州，又北方之天津，轟炸範圍之廣，駭人聽聞。各該處平民死傷甚眾，即難民亦同遭此厄，平民財產損失之大，更不必論。且所炸地區，有絕無軍事價值者。蓋其用意，無非在造成恐怖與混亂，儘量為破壞而破壞，冀可消滅人民抗敵精神。並公然宣稱將以空襲或其他手段毀滅我國首都，使不復見於地圖。當年轟炸平民，認為完全違背人道主義，是極野蠻的舉動，為世界輿論所不容許，亦即我國籲請國聯亟予處理之第一要事。

九月二十一日，大會對此問題，作大體上公開討論，推由英代表克蘭邦（Viscount Cranborg）會同他人起草後，提交顧問委員會祕密討論。該草案對於中國不設軍備的城市之遭空襲，認為對於所有各國，成為普遍危險，卻未指出日本是實行空襲之國。顧代表加以駁辯，提議用日本字樣。克蘭邦答謂提案所指何國，盡人皆知，無須特提國名，又謂中國飛機決無轟炸本國人之理，中國代表於此無須顧慮，請勿堅持其增修之字。蘇聯代表李脫維諾夫（Maxim Litvinoff）謂固然提案雖無日本字樣，一般人皆知其所指何國，但在某國，其報紙由政府統制，儘可故意解釋為意指中國，或中日二國均負責任，故彼對於當代表提議，覺得無可反對。

當中英代表爭持未決之際，紐西蘭代表姚登（William Joseph Jordan）起立，直說委員會於聽取證據，證明日本飛機轟炸中國平民之事實後，乃欲避免指明日本飛機，而僅空空洞洞，指責普遍的空襲行為，此非本委員會召集之原意，然則何不竟向日本道歉耶？本席對這個提案，不欲列名等語。按其時姚登任紐西蘭派駐倫敦高等委員，其職位等於外交使節。為人篤信宗教，剛直不阿，扶持正義，敢於發言。他不喜外交辭令，每引用聖經上格言，以為答辯，聽者頗窘而無可如何。又有人說他的性情，如同格林威爾（Oliver Cromwell）的鐵軍士兵一樣。紐西蘭與澳大利亞，均位於南太平洋，澳國極怕日本海軍之強，紐西關則否。紐西蘭代表既說畢，當時隨同顧代表出席之我國代表團團員，聽了該代表的話，鼓掌誌佩，在場之他國人亦有附和者。此種表示，在委員會的場合，是絕無僅有之舉，然主席並未禁止。

旋以比代表斯巴克（Paul-Henri Spank）之提議，於議決案中加用日本飛機字樣，全案通過，然亦不過空文譴責而已。該議決案於九月二十八日提經大會通過，美政府不但立即表示贊同，且嘗單獨向日本一再抗議，乃日本概置不理，空襲無已。已於八月中對駐華英使許格森（Sir Huge Knatchball-Hugesson）之汽車，雖明懸英國國旗，而仍投以炸彈，復繼之以機關槍，以致英使身受重傷。同年十二月間，又對停泊長江中之英國砲船一隻投彈，復炸沉美國砲船一隻。其時英政府欲聯合美政府，採取較為強硬態度，以共同對付日本，美國不同意，故各該事件僅仍用普通外交方式各個解決而已。

（十四）一九三七年十月六日大會通過報告兩件

九月二十七日二十三國顧問委員會公開大會，討論關於日機空襲平民問題議決案時，顧氏對於中日事件本身問題，作一通盤籌劃的檢討。他說：吾人固然知道處今日世局情形之下，要國聯對日本採取強硬行動，不無困難，然吾人今已面臨有關世界和平之威脅，豈能袖手旁觀，一籌莫展。因言：假使國聯無力扶持公理以對付強權，至少應將作惡之國，明白指出，昭示於全世界。又假使國聯無力制止侵略。至少也應予以譴責。又假使國聯對於國際公法及《國聯憲章》無力推行，至少也應聲明並未放棄。又假使國聯對於非法及非人道的慘殺無辜平民的空襲，無力阻止，至少也應說明國聯對此種舉動的意見，藉以加強文明世界的力量，一致督促，俾可停止云云。遂提出具體建議案，要求國聯對於日本彰明昭著的逛背公法與條約義務，以及公理人道基本原則，予以明文譴責。無如是日開開會，祗在通過關於日機空襲問題的議決案，其餘牽涉範圍較大的問題，概未討論而散。

國聯旋以我國的聲訴，送交顧問委員會處理，一面邀請日本參加。我方用意，假使日本拒絕參加，或則置之不理，則擬提出切實應付辦法四點，請國聯予以考量，其四點為（一）宣布日本是侵略國；（二）日本用上海公共租界為作戰根據地（其時淞滬戰事尚在進行中），故應加以譴責；（三）給予中國財政上之援助；（四）對日本禁運軍械與軍用資料。該四點辦法，於提出前，先分頭向各國代表非正式接洽，試探其反應如何。我往晤荷蘭代表柯林（Hendrik Colijn，總理兼代外長）[49]，彼謂這四點即是施行對日制裁，意言這是辦不到的。他國代表，看法相同，遂無結果。蓋各國對於日本之侵略行為，倘只是侵犯中國，而不損害其本身在華利益，認為猶可容忍，到了一九三七年，顯見日本用意，要將西方各國利益，完全排斥，是以恐慌之餘，極盼我國抗日得手，卻又不願積極對付，致遭日本之反感與報復，此種矛盾現象，實覺可憐，即有力助華抗日之強國，亦正同此心理，況在荷蘭，以荷屬東印度關係，對於日本海軍，尤多戒懼，自鄶以下無譏焉。

日本果然拒絕參加，顧問委員會乃進行組織分委員會，擬將我國擯出，於是顧氏往見主席孟特斯，面稱我國茲擬完全退出顧問委員會，堅決主張要求國聯宣布日本已違背第十條尊重會員國政治獨立與領土完整之規定，故須確認該國為侵略國，擬成提案，送交秘書廳。因此，該主席及國聯秘書長，一面決定

[49] 一九三七年九月十四日作者與柯林在日內瓦板爾格旅館Hotel Bergues會晤錄。

邀請我國加入十三國分委員會，一面勸顧氏勿提所擬之案。但顧氏仍將該案提出，而於出席分委員會時，則採取較為溫和態度，說國聯原則上決無讓步餘地，但鑒於國聯已往不滿意的經驗及世界上不安之情形，於考量如何制止侵略的切實辦法時，不妨持之以謹慎，出之以溫和云云。

分委員會於十月二日連日夜開會，將秘書廳所擬事實經過報告稿，討論通過，認為日本對華大規模海陸空軍事行動，以對付惹起衝突的原事件（即蘆溝橋事變），實屬過分。就法理與自衛權而論，均無可解釋，此可證明日本已違背了《九國公約》與《非戰公約》所規定之義務。然該報告故意不確認日本為侵略國，以避免引起許多連帶問題，如施行制裁之類，雖經我代表力爭此點而無效。

是月四日，討論關於建議部分的報告稿，這又是一天一夜緊張的日子。在分委員會或起草委員會或其他小組開會，各人座位，比較隨便。這次如同前幾次一樣，為便於內部臨時商討計，我國代表團五人，就一隻長桌子一端，坐在一起，階平及我分坐顧氏左右，復初、味道，坐在對面。該報告原稿，只是空空洞洞的規定（一）給予中國精神上支持，而（二）國聯會員國勿採取任何舉動，足以削弱中國抵抗力而增加其抗爭期中的困難者，多是一種消極的義務。

我代表則主張國聯會員國，應互約勿採取任何足以幫助侵略國，而增加我國抵抗困難之舉動，即包括對日本禁運軍械與軍用資料在內。各國代表，紛持異議。英代表主張中日爭執，須用和平方法解決，引用英國一句成語，謂吾們做衣服要湊衣料，以為此語今正適用。故英國態度，可想而知，當時支持我國之人，惟有蘇聯及紐西蘭二代表，紐西蘭之姚登，尤為出力。他質問何以對於協助中國一層，毫無規定？李脫維諾夫亦附和其說。爭持良久，克蘭邦不得已，增加「國聯會員國應考量如何各別協助中國」字樣。此句通過後，姚登復提議國聯並應考量如何設法阻止日本的侵略行為，此議遭激烈反對，波蘭代表考瑪倪茲基（Komarnieki），袒日尤甚，彷彿是日本的出席代表。投票結果，三票贊成，四票反對，六票棄權，未獲通過。

考瑪倪茲基與味道同時為駐瑞士公使，一日在熊城（瑞士京城）同出散步，他手指某條街，向味道說，那邊有日本使館，與君不合式，吾們勿往那裡走；味道因指另一條街，說那邊有德國使館，與君不合式，吾們亦勿去為是。又某日，味道問他假使蘇聯與波蘭發生戰事，將如之何？他答稱，蘇聯軍隊，對芬蘭尚不得逞，吾人予以痛擊，可將俄軍打敗。此人之驕傲狡猾，可見一斑。

是日（十月四日）午夜，分委員會經長時間激烈辯論後，休息幾分鐘，私人談話中，克蘭邦主張召集九國公約會議，推由澳大利亞代表勃魯斯（Stanley Bruce）在會提出。提出後，顧代表表示接受，除波蘭代表棄權外，經分委員會通通過。美國對此，以恐國中輿論，疑為國聯及英國意存推諉，必生反感，故起初並不十分歡迎，嗣以非正式商定，將來九國公約會議，不致對日本用武力或實施制裁，乃亦表示接受云。

以上兩報告，經顧問委員會於十月五日，又國聯大會於次日，先後正式通過。顧代表於接受時，聲明我國認為不滿意，並保留再提權。旋美國政府發表聲明，謂其看法，大體上與國聯相同。又羅斯福之芝加哥演辭，前已說過，羅總統特擇十月五日演講，以期與國聯通過報告的日子相配合。當五日晨起草委員會開會時，我代表團於該演辭發表前，已先覓得一份，顧代表因以之傳示他國代表，並附一小條，謂假使該演辭早幾天發表，國聯方面，可能採取較為強硬的態度云。該演辭竟遭受美國國內輿論之激烈反應，則非始料所及也[50]。

---

[50] 一九三七年十月十九日作者與荷蘭總理柯林在海牙總理辦公室會晤錄。

（十五）比京九國公約會議[51]

一九三七年十月六日，國聯既決定依照《九國公約》，召集會議，英商洽由何國主持召集。該會議既由英國發起，美國附和，論理當歸該二國集會。無如美國當羅總統芝城演說引起國內劇烈反應之後，孤立派與和平派，愈益抬頭，在美開會，斷不可能，加之日本未必參加，此會能否有所成就，自始即成疑問，故英美皆不願居召集之名。其次法荷二國，以在遠東各有屬地，海軍力量薄弱，不敢得罪日本，亦皆不肯擔任。次乃輪到比國，該國初亦猶豫，嗣允照辦。亦緣比外長斯巴克年富力強，勇於任事，對於國際局勢之演變，見解深而且遠，一生主張並擁護集體安全制度，得其熱忱贊助，九國公約會議，於是年十一月三日召集於比京，故又稱比京會議，斯巴克被公推為主席。我國代表顧維鈞、郭泰祺、錢泰三人（錢君時任駐比大使）。

51 請參閱下列三種書（一）Tsien Tai, *China and the Nine Power Conference at Brussels in 1937* (St. John's University, N. Y., 1964)；（二）Cordell Hull, *Memoirs* Vol. I, pp. 550-556 (MacMillan, N. Y., 1948)；（三）Earl of Avon, *facing the Dictators.* 1923-1938, pp. 606-613 (Houghton Mifflin, Boston, 1962)。

比政府邀請參加會議之國三種：（一）九國公約原簽約國，為我國、英國（連同加拿大、澳大利亞、紐西蘭、南非洲、印度）、美國、法國、義國、日本、比國、荷蘭、葡萄牙。（二）補簽約國為玻利維亞、瑞典、挪威、丹麥、墨西哥。（三）其他在遠東有特殊利益之國，為德國、蘇聯二國。日本、德國，謝絕邀請，故參加比京會議之國，共十九國。

德國以非《九國公約》簽字國，故不參加，此乃表面上理由，實則以日德二國，年前簽訂《反共協定》，為志同道合之國，故不欲對日有所開罪；亦緣其時德尚與我國虛與委蛇，正在中日間做些調停工作，恐參加會議後，有左右為難之處，故決意不參加。然同時聲明倘他日關於和平解決需要的條件存在時，仍願參加努力。

義大利於比京開會後三日（十一月六日），正式加入《日德反共協定》。其出席比京會議代表，即參加李頓調查團之阿爾特洛萬第伯爵，遇事阻撓，主張中日直接談判，公然做了日本的發言人，如上篇所說的波蘭代表一樣。至於堪地那維亞三國代表，以該三國與德國為近鄰，最畏波羅的海德國海軍，不敢得罪日本，以開罪於德國，故會中所有決定，均各表示棄權。其在會中助我最力者，為蘇聯、紐西蘭、墨西哥三國。紐墨二國，純出於扶持正義，對我同情。蘇聯代表李脫維諾夫為了該國切身利害關係，極欲支持我國，主張對日強硬。其餘各國代表，對我國的正當立場，亦皆表示同情，但大致追隨英美二國。故該二國的態度與主張，實為比京會議之關鍵，試詳言於後。

比政府於十月十六日發出請柬，前四日，羅斯福總統廣布宣言，說明九國公約會議之用意，在設法將中日糾紛，辦到合意解決，此即調解之意。蓋鑒於國中輿論對芝加哥演辭之激烈反應，不願作進一步之表示，前已提及。比政府請柬，亦說明該會議意在研究如何以和平方法，從早結束遠東方面的爭端。該請柬發出後三日，英國艾頓外長，送致美政府說帖一件，言他的看法，九國會議，有三種方向，可以選擇，即（一）暫不採取任何行動，或（二）給日本以道德上之譴責，或（三）積極幫助中國，同時對日本施已經濟上的壓迫。艾頓並言（一）（二）毫無用處，（三）有困難，亦有危險，故彼並不明白主張，然謂假使各國一致合作，予以推行，可能生效。經美政府考量後，認為開會目的，既在求合意解決，則制裁問題並不發生云。

既是調解，必須有兩當事國代表一同出席，故英美力勸日本參加。日本以比京會議根據國聯報告而產生，國聯及美國政府，對日皆有指責，是以不欲參加。其於答覆比政府請柬內，聲稱該國行動，出於自衛，《九國公約》，並無違背，故不適用；又言該會議有與遠東並無直接關係之國參加，益使情勢複雜化。因此該會決計設立小組委員會，終以組織方面，各國意見不一致，未能成立，仍於十一月七日再致牒日政府，問其願否派員與少數代表交換意見？該文措辭，十分遷就，根本不提國聯，亦不說起日本的軍事行動，以期避免刺激；然聲明交換意見，須在《九國公約》範圍之內。日本仍答稱不願派員，謂一方面日本被指為違背《九國公約》，他方面仍欲依據該約，交換意見，此非日本所能同意。日本仍堅持中日直接談判以期解決爭端。

英代表艾頓，為英國的少年政治家與外交家。其於對付德義獨裁領袖，嘗迭次身當其衝。義國對阿比西尼亞之侵略，艾頓力主制裁，終以受法國阻撓，復遭國內外其他阻力，致歸失敗，艾頓飽受教訓。內之則英總理張伯（Neville Chamberlain）趨向妥協，兩人主張，多所牴牾，以是不得行其志。艾頓嘗勸美國務卿赫爾，親自出席比京會議，答以政務殷繁，無暇分身。遂派竇維思（Norman Davis）為代表，而以遠東問題專家洪培克為顧問。竇維思在胡佛（共和黨）及羅斯福（民主黨）兩總統任內，屢以大使銜奉派出席國際會議。國際情形，為所熟諳，各國人士，亦多熟識。為人沉靜，而不敏捷。在比京會議開會前及開會中，艾頓與竇維思二人，晤談多次。艾頓說明英國願與美國充分合作，以對付日本，但以歐局關係，不願在遠東居領導地位；竇維思則說明美國以國內輿論關係，亦不願領導。蓋美國用意，只在設法調解，調解失敗，則將經過情形公布，藉以指導輿論，如是而已。然艾頓實迭與竇維思研究對日積極方法，初開會時，一日會後，二人非正式交換意見，討論調解失敗後之進一步工作。竇維思忽低聲向艾頓說：「吾們不準備施行任何制裁，吾們只能不購日貨，然美國船載運日貨來美，或將美貨運往日本，吾們並不禁止，但是吾們不買日本貨，如是而已。」艾頓答言：此法曾經施之義國，未見生效。竇維思則以為英美二國所輸入之日貨，佔日本出口貿易百分之七十五，故二國若均不購日貨，必然有效。艾頓以為國聯一九三五年對義大利出口貿易的制裁，亦佔同樣百分數，並無效果，故對此舉之是否有效，甚覺懷疑。迨日本第二次拒絕參加後，竇維思以為積極對日之時機已到，彼向艾頓說：美政府可能決定對日停止貸款，而日本戰勝所得，則一概不予承認，並詢英政府於此，是否願意合作？艾頓甚為興奮，立刻電請政府授權承允。奈美國務部告駐美國英使，意謂竇維思超過訓令範圍，因此，給竇維思一個重大打擊，艾頓亦甚為失望。又竇維思曾向赫爾建議，請商准國會，至少對於中日糾紛部分，將美國中立法規，予以廢止，或暫停施行，謂如是可給比京會議一臂之助，經面商總統及國會領袖後，覆電說此議辦不到。可見竇維思與艾頓二人之苦心孤詣，辦事困難，有如是者！至於各小國鑒於阿比西尼亞事件的失敗教訓，最怕提起制裁問題，及聞美國本無意於此，乃始釋然[52]。

先是，當英代表提議設立小組委員會時，原擬僅由美、英、比三國組成。為欲防止義國搗亂，故擬將法國擯出，藉以擯出義國。原來法國之參加比京會議（法代表是其外長戴而卜斯 Yvon Delbos），鑒於歐局日見緊張，意欲趁此機會，連同英美，設法造成民主國家有力量的陣線，以共同對付希脫勒，而使美國特別擔負該陣線之重大責任，美國不允，乃要求美國保證法屬安南之安全，又不允，法國對於比京會議本身，本已完全失去興趣。然對於小組委員會，則以面

---

[52] Dr. Koo's Interview with Norman Davis, December 2, 1937, at Paris (*Collection of Norman Davis Papers* in the Library of Congress, Washington, D. C.)

子關係，在所必爭，義代表因亦不甘落選。而蘇聯是否參加一層，則尤感棘手，蓋若有蘇聯在內，則日本斷然不肯參加。乃李脫維諾夫聞而大為憤怒，放出風聲，謂可能退出會議，竇維思遂不復反對蘇聯加入。然蘇聯雖未退會，而李脫維諾夫則竟於十一月九日，離開比京，不復回來。其後決定姑先邀請日本，隨後再談組織，日本既再度拒絕參加，此議遂根本取消，而內部一場風波，形形色色，英諺所謂雞尚未孵，而先計算隻數者是也。

我國對於調解，原則上並不反對，但主張調解失敗後，須有進一步積極行動，應一面對我國增加援助，一面對日本加已經濟上的限制，如停止貸款及停止供給作戰資料之類。當先分送說帖，強調日本財政上經濟上之弱點，與經濟限制之可能效果。同時顧氏迭與英美及他國代表接洽，並於日本再度拒絕參加後，於十一月十三日第七次會議時，鄭重地說，日本既一再聲明不願與本會合作，則我方所提各項要求，實非過分。無如大多數代表，對我固然同情，總是徒託空言，一籌莫展，毫無進一步的辦法可言。

十一月十五日，大會通過宣言（義大利投反對票，瑞典、那威、丹麥三國棄權，餘均贊成），聲明（一）中日二國爭端，有關《九國公約》及《非戰公約》

全體締約國，並非僅關中日二國；（二）不得以武力干涉別國內政；（三）中國依照《九國公約》，從事於充分的開誠布公的討論，日本則否，又各國均認該公約為適用於現在局面，日本獨否，故比京會議，認為應考量各國共同態度，以資應付。我國因又提出幫助中國抑制日本的各項辦法，謂當以此為各國之共同態度，竟不為該會議所採納。迨二十四日通過報告，除簡單敘述會議經過情形外，重申宣言中所說幾點，空空洞洞，毫無實際，只說《九國公約》內各項原則，為維持世界和平之基本原則，中日爭端之解決，須以該項原則為基礎，遂宣告延會，實則從此散會，毫無結果。我國當然極不滿意，但仍接受該報告，以示與各國始終團結一致之意。

原來《九國公約》第七條，規定倘有某種情勢發生，而締約國之任何一國，認為當適用本公約時，各該締約國，應作充分的又開誠布公的相互報告。所謂相互報告者，即交換意見之謂。此項規定，本極含糊，據以集會，所希冀者，原屬有限。何況與會各國，主張既不一致，復缺乏切實領導，而大國參加，自始即無意積極對付日本，加以美國孤立派得勢，賓維思個人，經艾頓迭與密商之後，固有試行對日制裁之意思，然而遇事掣肘，遂無所成。亦有人謂比京之會，若能提早召集，正值淞滬我軍抗敵得手之際，可能對我較為有利，及其開會，乃逢軍情惡化，以是會場空氣不佳，遂致會議毫無成績可言。此說固不無見地，然平心而論，淞滬我軍忠勇抵抗，實已盡其最大努力，當時國際輿論，亦多興奮，乃仍未能影響其對遠東局面的基本觀念，豈非對敵得到決定性之勝利，終無以轉移外交上之空氣歟？

我於抗戰期間，做些宣傳工作，隨時撰寫英文短篇，報告日本侵略經過情形，以及損害歐美各國在東亞利益的舉動，有時加以論斷，有時附以警告，稱為「中日危機之最近進展情形」（The Latest Phase of the Sino-Japanese Crisis）分送荷蘭政商學各界以及輿論界，同時呈部備案。關於比京會議，我借別人口氣，簡單的引用法國文人拉方戴（La Fontaine）的「寓言」裡所載一段故事，以為批評。故事說，有一隻貓叫做樂第拉（Rodilard），異常兇猛，群鼠惶恐，開會商議對付方法，一鼠提議繫鈴貓頸，遠遠聞聲，庶可及時躲避，問題是誰去做這個冒險工作呢！討論半天，無結果而散。以之描寫比京會議，可云逼真，所不同者，在國際會議中，竟無人敢作繫鈴的提議耳[53]。

又英國歷史家湯恩比（Arnold Toynbee）曾作如下之批評：他說：「彼等（指比京會議代表們，尤其是英美代表）鑒於國際混亂狀態，並不設法戡亂，而卻設法躲開。彼等為了亟欲逃生，故於一九三七年十一月間從比京逃走，其卑鄙如同薩德來（Jos Sedley）[54]一八一五年六月間，在比京聽到了滑鐵盧可怖的砲聲而逃走一樣。」[55]

（十六）比京會議以後

比京會議，雖告失敗，而我國照常在國聯方面，作外交上之努力。故在舊國聯存在的最後兩年中，即一九三八年與一九三九年，每逢大會與行政院開會，顧維鈞不斷的以日本對我侵略進展，及對西方各國威脅之經過，儘量報告。對

53 此項宣傳品第十七號，一九三八年一月二十日海牙印行。又此段故事，可能從伊索寓曾轉載的。
54 William W. Thackeray, *Vanity Fair Chapter XXXII.*
55 *Survey of International Affairs for 1937*, pp, 52-53.

於日本在我國各處製造偽政權，與其設置所謂「東亞新秩序」之宣言，尤為嚴正指摘。其對於日本之作戰行為，尤其是各處城市之濫施空襲，並予譴責，指為違背人道主義與基本國際公法。顧氏又迭提具體建議，要求一面援助中國，一面制止日本的侵略。無如一般國際局面，日益惡化，國聯除更通過幾個不關痛癢空空洞洞的議決案外，一籌莫展，毫無貢獻可言。

一九三八年二月二日，行政院通過議決案，重申上年十月六日大會決議之三點：即（一）給中國精神上援助，（二）國聯會員國不作任何足以削弱中國之抵抗力而增加其困難的行動，（三）該會員國應考量如何各別援助中國。（此三點已見前篇。）此外又謂行政院相信在該院對於遠東局面特別有關各國，定必把住時機，與他國相互考量如何作進一步之行動，使此項爭端，取得公平解決。

同年五月十四日，行政院又通過議決案，對於中國依照以前各項決議案所為之各種請求，謂應予以認真的同情的考量。又中國因爭取獨立與領土完整之英勇奮鬥，及因此而中國人民所受之苦痛，謂應表示同情。

又同年九月間，國聯年會開會，我國復根據《憲章》第十七條規定，向行政院聲訴。是月十一日顧代表請該院立刻援用該條，日本依然拒絕邀請，一無結果。

同年同月十六日，顧代表在大會，作一有力量的演說，大旨謂：國聯對於遠東局面，一籌莫展，既不援助我國，亦不停止接濟日本，此實為我國人民所不能了解者，「豈我國人民對國聯提出辦不到的要求耶？蓋因意志力之缺乏，而遂謂無事可為耳。」[56]

又同年九月大會第三委員會開會時，關於西班牙內戰問題，有人提議對於空中作戰，應保證平民。顧氏乃附議主張國聯會員國及非會員國應停止以軍用飛機及石油供給日本，未得通過。

九月三十日行政院通過報告，謂《憲章》第十六條，即施行制裁之一條，現可適用於日本。此項決定，在國聯受理我國聲訴歷史中，成了一個重要階段。緣自九一八事變發生至此，經過七年之久，國聯始在法理上正式承認日本對我之軍事行動為作戰行為。原來依照第十七條規定，只要非會員國不肯擔任臨時會員國的義務，而對會員國作戰時，第十六條即可適用，至此法理上之立場，

56 英文原文：「Have the people of China demanded the impossible? When the will is lacking, everything becomes impossible.」

得以闡明，會員國對日施行制裁，亦有了法律上的根據，宜可儘量施行，不再躊躇，然事實上則仍不如此直捷了當，蓋該報告同時說明，會員國於此，得以各個決定，意謂制裁之是否推行，得由該會員國各自斟酌辦理，可見仍無必須推行制裁之義務，更無共同努力一致進行之可能。於此請舉一例以說明之：是年（民國二十七年）十月間，我從日內瓦回海牙後，奉外交部電令，與駐在國（荷蘭）政府商洽實行第十六條問題，請求禁止以軍械、飛機、石油、鋼鐵等品售與日本，以日本之需要石油，其百分之二十，係從荷屬東印度之塔拉干（Tarakan）與峇里巴板（Balik-Papan）二處輸入，最為主要。我乃於是月十三日[57]往晤和外長巴丹（J.A.N. Patyn），商請停止輸油日本，荷外長謂和政府若停止輸油，日本勢必以武力強取，必致發生戰事，鑒於美國之不肯擔保法屬安南的安全，荷蘭勢將與日本單獨作戰，荷國那能抵擋日本海軍，故貴使所請一節辦不到。我謂我願從實際方面討論此事，荷外長乃稱荷蘭與日本訂有商約，規定日本每年從荷屬東印度採購貨品之數量，乃日本近來迭次違約，購貨每不到約定數量，故

[57] Wunsz King's Interviews with J. A. N. Patyn, October 13 and 19, 1938 and January 4 and 11, 1939. The Hague.

荷政府正在考量如何應付，停止輸油，或未始非應付方法之一種，但他必須先與其同僚殖民部長一談再定，因約我隔日再往晤談。越六日，我又往見，則謂他已與殖民部長談過，覺得此事困難多端，並謂日本需要石油，美國供給百分之六十五，然美國並未禁輸。我謂美國並非國聯會員國，會員國自不能援以為例，和外長答稱，此乃理論而非事實。我謂我國亦正與美國商洽，若美國同意禁輸，想荷蘭亦可照辦。荷外長初答可辦，繼謂美國禁輸後，日本勢將以武力向荷印取油，故荷政府尚當要求美國保證荷印安全云云。荷外長旋說：禁售石油問題，倘有新的發展，當再與我接洽，然此後並無下文。次年一月間，我又與荷外長討論我國請求財政援助一事，答稱具有切實擔保之商業貸款，可以承允，政治性質之貸款，則難照辦。可見第十六條之實行，理論上是一回事，實際上又是一回事，抑何實行之困難至於此極也。

施行第十六條之原則，既經確定，顧氏乃進一步設法在國聯贊助之下，予以實現。次年即一九三九年一月十七日行政院開會時，顧氏提議設立調整委員會，由與遠東有特別關係各國組成之，其用意在將各國現在或將來各別實行之應付遠東危局各項方法，予以調整，俾更見效。顧氏並說：該項方法，應包括

（一）抵制日貨，（二）禁止供給日本飛機石油暨作戰資料，（三）對華援助，及（四）運往中國之作戰資料，應保證運輸上之便利等。顧氏於提案前，先分頭向行政院各國代表洽商。我因往商紐西蘭代表姚登，彼謂若僅提議設立調整委員會，而不列舉各項方法，或可較易通過。然此議終遭擱淺，毫無結果。行政院又通過了一個空洞的決議案，請各有關係國，將中國代表各提案，尤其是關於援華部分，加以考量而已。其年五月，行政院又開會，顧氏復提同樣提案，仍無結果。至關於「東亞新秩序」一事，顧氏於一月間之會，曾要求國聯宣稱此舉既違條約，亦礙和平，但行政院亦未照辦。

日本所宣布之「東亞新秩序」，自一九三四年起，醞釀已久，至一九三八年秋季，德義英法四國會同解決德捷爭端協定，即慕尼克（Munioh）協定成立後，日本認為獨裁國日益得勢，亦即日本獨霸東亞之時機已到，遂於是年十一月正式宣布其所謂「東亞新秩序」的設置。略謂日本滿洲國中國三國，在政治經濟文化及其他方面，相互調整合作，乃是新秩序的基礎。其目的在取得國際公道，完成反共的共同防務，造成新的文化，並實現全部東亞密切的經濟團結。日本並請別國對於日本之目標，予以正確認識，此後應將其態度適合於東亞新的局面。蔣公於是年十二月間，在重慶中央黨部演講時，徹底的予以駁斥，聲稱此項新秩序，意在降中國為附庸，藉以獨霸太平洋，統治全球，萬無容忍之理。即美英法三國，亦先後分別向日本提出抗議，聲稱不能接受，並聲言關於遠東之國際關係，仍應以各項現行條約為根據。於此有當注意者，即此次美國的抗議，偏重於開放門戶政策及工商業機會均等主義，英國則偏重於中國主權與其行政完整問題，此與六年前對於史汀生不承認主義的態度，該二國之注重點，適成相反。至在國聯方面，關於「東亞新秩序」一問題，聽令有關係國各自對付，而國聯自身則袖手旁觀而已。

一九三九年五月行政院之會，顧氏以日機轟炸平民之暴行，提出報告，謂供給飛機各國，或則對日畏懼，或則貪圖私利，二者必居一於此，不能無所懷疑，因又力請有關各國，停止以飛機及石油供給日本。討論結果，行政院又通過一項議決案，請各該國駐華使節，調查日機轟炸情形，報告行政院。顧氏於接受該案時，鄭重地聲稱，此項空襲行為，若不及時阻止，可能鼓勵他日遇有戰事，將有同樣之暴行發生云。

於此有當說明者，即歐美各國，雖以受了其他種種嚴重事件之牽制，無暇顧及遠東，卻並非坐視日本蠶食中國，而不一援手。其時蘇聯一以自身利害關係（前已說過），二則中俄間陸空交通，雖屬遼遠，卻尚通行無阻，故蘇聯向我供給軍器飛機等項，以及以自願服務的名義，送來飛機師暨其他技術人員，可稱助我最為出力。又英美二國，不顧日本之恫嚇，先後給中國財政上援助。同時，美國對於轟炸平民之國，曾半官式的禁止供給飛機及其配件。此種反面援助，其效力有時尤比正面援助為大。在中國方面，以一九三八年十月間廣州失守，所有沿海口岸，先後皆淪陷於敵人之手，運輸路線問題，最為嚴重。廣州失後，所恃以運貨者，只有滇越鐵路及通達緬甸與俄國之陸路。其後法國以日本之恫嚇與壓迫，停止滇越路向我國運貨。英政府於緬甸路，亦一度短時間同樣停運，嗣即照常開運。殆日本佔領緬甸後，我國大部分的接濟，專靠越過喜馬拉耶山的空運，此則對於我國抗戰，貢獻甚大。

一九三九年即民國二十八年九月歐戰發生，舊國聯二十年歷史，告一結束。在結束前，以蘇聯進攻芬蘭，議決削去蘇聯的會員國資格，實質上對蘇聯固無損害，然藉以支持國聯原則，此舉亦復差強人意。顧我國一方面重視正義，他方面則以當年蘇聯助我比較最力，不欲過於刺激，影響抗戰前途，我國處於其間，十分困難，不得已而棄權。至於我國對日本的聲訴，雖然舌敝脣焦，外交上不斷努力，差不多費了國聯半生光陰，然從未發現解決爭端的曙光。其間日本嘗屢欲逼我投降議和，威脅利誘，無所不至，我國在蔣公領導之下，堅拒不屈，繼續抵抗。其後珍珠港之變，美國對日宣戰，會同聯盟國共同奮鬥，漸漸轉敗為勝，全世界局面，日有起色。義德二國，先俱屈服。一九四五年，日本亦投降，中日爭端，乃得全部解決。於以知國際重大事件之以武力開始者，每須以武力結束也。

（十七）結論

年來我寫了幾篇中英文稿，敘述三、四十年前中日外交關係，內容是日本對華侵略的一部分史實。因此，我為我自己出了一個難於答覆的題目，問日本將來有無老戲翻新捲土重來的可能？同時我要條舉三個疑點，如左：

（甲）從前日本人惟我獨尊，自命為擔負了維持東亞和平的神聖任務，現在他們仍轉這個念頭否？

（乙）日本版圖，限於四島，年來靠了他的蓬蓬勃勃的工商業，以維持生存，對外發展。這個麼，能否滿足了日本的願望，使不再轉開疆拓土的念頭否？

（丙）日本人以前認為高麗南滿，是他們頭顱血肉換來的代價品，說是日本既得權，又稱為他的生命線，他們現在仍轉這個念頭否？

假定這三個疑點，每一個有了答案，或是或否，或正或反，那麼，那個開門見山的總題目，就有答案了。可是問題並不如此簡單，因為有了一個疑點，同時就有連帶發生的別的問題，譬如說疑點（乙），就有人口、移民、市場、資源，以及需要資源國與資源出產國間的關係等種種問題發生。也有因為時代變遷與局勢推演的關係，答案亦隨而變更。譬如說，一、二十年後，東亞各國，皆建立了強盛穩健的政府，皆能維持秩序與和平，無須借重他國，更無庸別國越俎代庖，而彼此間的國際關係，亦均上軌道，則疑點（甲）所說的念頭，根本不能轉亦不會轉了。所以我只是設問而無答案。

現在我要對於日本政治上經濟上最近之活動與發展，特別提出兩樁事，請求關心遠東問題之人們，隨時加以注意與研究。這兩事為（子）日本財閥之復興，又（丑）創價學會與公明黨之活動。試為分別說明於後。

（子）日本財閥之復興

日本戰前財閥（Zaibatau），如三井、三菱兩大公司及其他企業界銀行界的大團結，經聯盟國認為戰中以鉅款軍械及軍用資料供給軍閥，俾能資以實行侵略，故其罪，與兩次大戰中德國克虜伯廠相等。因決定解散此項團結，同時將其董事等予以整肅。所列五種標準如左：

（一）資本有日幣一萬萬元以上之公司；
（二）出品分佔（本國）市場百分之十以上之公司；
（三）製造軍用資料或從事於支持作戰的活動之企業；
（四）從事於殖民地或佔領區之經濟發展的企業；
（五）在經濟方面自樹一勢力之公司，不問其資本多少。

依照此項標準，包括既廣，牽連甚多，經日本幾次向盟軍部交涉，稍有讓步，然大體均付實行。嗣日本國會，又勉從盟軍部意旨，頒布法律，禁止企業上之壟斷與結合。同時仿照美國的 Fair Trade Commission，設立類似性質的委員會，稱為「公正取引委員會」，以實施該項法律。無如日本企業家對於此種措施，陽奉陰違，不久盟軍部亦逐步放鬆，該委員會之處理，亦隨之放鬆。至於今日，日本財閥，完全復興，經濟金融，無不操在其手中。單就三菱公司而論，曾於一九六四年，呈准該委員會，與另外企業公司二家（一為重工業公司，一為造船及他項工程公司），合併為一大企業。其資本與出品所佔市場之百分數[58]，皆遠超過當年盟軍部所訂定之標準。總之，日本現已有了新財閥，加以造船列名第一，鍊鋼第三，其他百業，無不日興月旺，前途未可限量，此固為全世界所驚佩，然是否將來又成了野心家的後臺老闆，以重演一番國際悲劇？似不可有所忽視！

[58] 我看見了一九六四年六月七日華京日報「The Washington Post」，載有三菱公司出品佔市場的百分數後，經設法查核實數，發現有出入處，但無論如何，皆遠超過百分之十以上。

（丑）創價學會與公明黨之活動

日本創價學會 Sokagakkai（The Value Creating Academy）成立於三十六年前。奉十三世紀高僧目蓮（Nichiren Deishonin）的宗教，此派自命為佛教真諦，志在納全人類於一教。戰中以反對軍閥遇到挫折，戰後有驚人的發展。會員以家族為單位，現有會員六百餘萬戶，約一千四百餘萬人，佔全國人口百分之十四以上，多中下階級人，其年齡在四十歲左右者，約百分之八十。該學會宗教政治，鎔冶一鑪，原非純粹宗教團體，然會員之崇拜篤信程度，近於迷信，謂為一入該會，即有以解除物質上之苦惱，而享受物質上之福利。其組織完善嚴密，且標舉日本民族固有美德以為號召，於以振作士氣，加強信仰，切合戰敗復興民族的需要。

該學會於一九六四年十一月十七日成立新的政黨，名為公明黨（Komeito），現有黨員二十萬人，志在推行佛教民主主義。其所揭政綱，對內澄清政治，建立福利社會的國家，對外實行獨立的外交政策，包括收回日本失地在內，並欲根據「地球民族主義」ehikyu minzoku shugi（doctrine of one-nation-on-carth）設立國際機構，以謀世界永久和平。該黨雖是新黨，在日本國會二百五十人的上院中，占有二十席，最近（本年一月二十九日）普選，該黨於四百八十六人的下院，初次提出候選人三十二名，結果二十五名當選，故已成了自民黨（自由民主黨）與社會黨下的第三或第四勢力，有舉足重輕之勢，該黨在東京市議會及其他地方代議團體，亦佔有相當席次。又該黨以右傾的作風，求達到其左傾的目標，而與自民黨相當接近，他日此兩黨若果彼此合作，其勢力之浩大，自無待言。

然這個取攻勢的政教運動，早已引起了國內外一部分輿論的批評。有指責其沾染法西斯的色彩者，雖經該黨否認[59]，但其作風似頗與相近。倫敦《泰晤士報》於公明黨成立之次日（一九六四年十一月十八日），發表長篇記載，說「目前一切都是潛伏的，然注意這個運動之西方人士，想到這個有力量的現成組織，他日加以運用，其目的或並不是現時天真爛漫所說的，則不能不稍微發抖，也許這個發抖，是不合理的。」我以為不管吾們是否發抖，以及發抖是否合理，總要時時刻刻注意為是。

---

[59] *The Japan Times*, January 14, 1967.

以上所說的話，都是問話方式，這裡我要貢獻一點具體意見。原來《日本憲法》第九條，規定該國永遠不設軍備，迨一九五〇年六月間韓戰爆發，麥克阿瑟將軍（General Douglas A. MacArthur）立刻叮囑日本整軍自衛。現時日本新軍，約有二三十萬人。該項《憲法》規定，經解釋為不得妨礙自衛權，至於今日，則美國只嫌日本對於國防不夠出力，《憲法》云云，早已視為具文了。現時日本國中輿論，對於（一）修改憲法、（二）重修武備、（三）日美安全條約[60]的看法，大要分作兩派：左派包括公明黨在內，是反對的；右派即最近普選得勝繼續掌握政權之自民黨，是贊成的。此番舉行普選，自民黨公開主張，謂《日美安全條約》於一九七〇年到期時，仍須保存，作為日本國防的基礎，換言之，須將該約延長有效，即公明黨固然主張逐步取消該約，同時卻認為國際局面未改善時，亦須予以維持，故該黨之主張，與表面上有異，而實際則相同。現該兩黨既競選獲勝，且有攜手合作可能，自民黨復連續執政，而三年後該約即將

60 日美第一次安全條約，一九五一年九月八日，在舊金山簽字，次年四月廿八日起生效。第二次合作安全條約，一九六〇年一月十九日，在華盛頓簽字，同年六月二十三日起生效；此約生效後，前約作廢。現行之約，到一九七〇年六月二十三日滿期，兩締約國之任何一國，得於滿期前以一年前預先通知止之。

滿期，當然在不久之將來，日美兩國當局，必然開始商議修約。我以為應鑒於我大陸最近紛亂狀態，給了素具野心的蘇聯，向我邊省伸張勢力的機會，造成對遠東及太平洋區域的最大威脅，故為保持該區域的和平起見，亟須加強日美兩國間軍事上之合作，並由兩國之協調，而漸進於整個區域的合作，大致可以《北大西洋公約》已往的經驗為參考，而包括我國、泰國、菲律賓及他國在內，希望訂成多邊協定，以共同維持該區域之安全。

就現時國際情勢觀之，苟無核子武備，即無以防止侵略而保障國際和平與安全。日本之能為核子武裝國，似只是時間問題，然目前該國尚非核子武裝國，故趁修約機會，須注意於核子武備問題，而以左列各點為商談之原則。即：

（一）正在商訂中的「禁止散布核子武器公約」nuclear nouproliferation treaty 倘果成議，而日本參加該公約，則問題比較簡單化，換言之，新的《日美安全條約》，可根據該公約議訂新條款，規定（一）日本不製造亦不設置一切核子武器；（二）日本受有核子作戰的威脅時，由美國協助防禦，為此，日美二國應另訂專約，規定平時如何預籌，以及戰時如何合作；又（三）對於核子能力之使用於和平事業，以及預防流弊方法，該二國應充分合作。

（二）假定「禁止散布核子武器公約」此時未即成議，或竟不能成議，日美二國於修約時，仍須將前項（一）、（二）、（三）三點先為議訂。若有所成，可能促進該公約之成議。

（三）在任何情形之下，核子武器的使用權，歸美國行使，俟遠東及太平洋區域多邊安全協定訂立後，由簽約各國共同行使之。

吾人對於眼前緊急問題，如南越戰事，如紅衛兵之擾亂與暴行等等，當然嚴密注意，同時對於其他重要問題，如將來遠東太平洋之局面，以及中日二國間暨其他有關各國間之關係之類，亦非漠視，故我特為貢獻此段結論，以備公開批評，倘有較為切合實際的意見，最為我所歡迎，蓋亦拋磚引玉之意云爾。

民國五十六年三月三日完稿。

（原載《傳記文學》九卷五、六期及十卷一、三、四期）

德荷戰事經過情形初稿

駐荷蘭公使館編

謹呈　少公大使　誨正　泗敬上　卅、九、一日

（一）荷蘭在歐戰中的地位

荷蘭東境，全線與德國接壤自北至南，約長三百公里。西隔北海與英國為鄰，海岸線長二百公里左右；自 Flushing 至倫敦相距二百五十公里。南鄰比國，界長約二百四十公里，從 Maastricht 南過比國而至法國之 Sadan，約一百三十公里；法亦荷之鄰國也。重要國際河流之萊因河，發源於法瑞間，北流經德國，曲折蜿蜒，進荷境而西流入海，並有 Meuse 及 Escaut 河，則皆從法國經比利時由荷境以入海。更有鐵道航路，公路，航空線馳騁縱橫，交通靈便瞬息咸達。地理上之形勢既如彼，交通上之便捷又如此，已可推知荷蘭在此次歐

戰中之地位與其危險性之程度矣。

次就歷史及文化方面言，荷蘭與此四鄰邦者，皆有深切關係。其與德國，以有文字上與血統上之聯繫，尤見密切。荷蘭文字，在荷人固認為一種獨立文字，然自德人視之，乃為脫胎於德文之一種方言而已。若論血統則德荷兩國人民之相關自深，專就王室言，荷后 Wilhelmina 之母與其夫以及其女婿，三代皆屬德籍也。

復就經濟上關係言：歐洲重要商業國，英德法三國而外，其次即為比荷二國，比為出口貿易第四位國；荷則為進口貿易第四位國。二國均有物產豐富之屬地。荷更航業發達遍布全球，荷雖積存外匯甚微，而其存金價值，總在十萬萬荷盾以上。若以一九三八年及一九三九年的進出口貿易計，荷國進口貨中，德貨佔第一位，比國盧森堡次之，美又次之，英第四，荷印第五；至其出口貿易，英居第一位德為第二國。荷之進口品中，糧倉佔百分之十五；其工業所需原料與半製品，約居三分之一。一九三八年，輸入石油，約為一百七十五萬米突頓。大部份係自其東西印屬地輸入者。又其貨棧堆存巨量熱帶地產品。此外農產品如麵粉，馬鈴薯，蔬菜，豌豆，豆，植物油，酪業品之牛乳，乳酪，牛奶油，以及魚類均存貨甚多。凡此資源之充牣與夫經濟力量之雄厚，俱足以惹起鄰國的垂涎。加以荷蘭擁有菜因河入海之處，此即鹿得達姆埠（以下簡稱鹿埠）所在地。菜因河流所過德國地方，名為魯爾區域 The Ruhr 為全歐人口最密之重要工業區域，其地所產之煤及所製熟鐵之輸出，暨其所需要之生鐵，木料糧倉之輸入，均有賴於荷之鹿埠與比之盎維斯。而鹿埠貨運為尤多，蓋在歐戰未發生英國未實行統制海運以前，萊因河流域之工業界，固視原料運經鹿埠為最廉的路程焉。

荷蘭介於三強之間，英法得之，可以進窺魯爾。德人得之，可以南攻比法，西脅英倫，從荷蘭東南 Limburg 省渡 Maas 河以南侵，尤易取勝，然則荷蘭在這次歐戰中的地位，略同春秋時代鄭國，位乎晉楚之間，為二國所必爭。或稱荷蘭為歐洲之危險的一隅（Dangerous corner），要非虛語。自前年九月歐戰起後，荷國一面謹守中立，不偏不倚；一面以維護中立為目標整頓國防。戰戰競競凡八個月，終於為德人所侵略，牽入漩渦，中立為所破壞，疆土為所佔領，其困苦的悲慘的經過情形，將於以下各章分述焉。

（二）荷國國防之配置

荷國一百餘年來，未經戰事，上屆歐戰，復獲幸免，於是熙熙攘攘頗有「偃武修文」「人不知兵」之氣象，其於國防，不甚重視。故歷年預算案，國防經費僅占百分之十二左右，以視教育經費之二十一，與社會事業經費之十八，相差頗鉅。近年怵於歐局的變化，對於國防一端，雖非亟起直追，亦稍有亡羊補牢之意。其本國國防之配置，多注意於陸地，空中，而尤注意於陸防。荷之陸軍編制，計平時四師，每年平均約有一萬六千人在伍。歐局吃緊荷政府下總動員令得三十五萬至四十萬人，其中受有現代軍事訓練者約十萬人。荷既國小而兵弱，復無高山峻嶺以為守，故其國防之任務，僅在於盡力所能以維護其中立。他方面，則以其地勢低窪，全國河道縱橫，水閘完備，謂可恃以禦敵，而啟閘灌水，遂為荷國有史以來國防上傳統的要素。論其邊防，則以求敵人的緩進為目標，這種策略無以名之，似可名為，戰略上的暫擋與撤退 Strategical delay and retreat。

荷之東境，尤其是東北三省，原屬不易守，亦似本無固守之意，然仍護置不少障礙物，欲以暫擋敵人的前進，此如橋樑之備炸，如機關鎗網之設置，如指定地點之預備放水，以及其他軍事準備，均所以暫阻敵人的進攻也。

荷國東南部之林堡省 Limburg 其南半省位於德比二國之間，有如舌之外伸，凡遇西歐發生戰事時，其地每感當衝。上次歐戰爆發，右翼德軍，固由比境進攻，然仍不免行經荷境，約有咫尺之地。今則比之東境，築壘既堅，兵力亦厚，德若進攻比法，為避堅攻隙計，勢將取道於此。且其地形勢較高，無法灌水，而貫穿是省之 Maas 河，其南段河流乃靠荷比邊境，而非靠荷德邊境。因而此舌形的一塊地，軍事上最稱難守，形成荷國國防上之大弱點，亦即西歐通盤防線上之大弱點也。

荷之第一道防線：蓋自 Yssel 河口之 Kampen 起與 Zwolle 城隔河相望，傍 Yssel 河西岸，轉折而南，過萊因河邊之 Arnhem 城，乃沿是河兩岸設防，南度 Waal 河，至 Maastricht 城遂傍 Maas 河西岸，面 Venlo 及 Raermond 兩城而下，至於比境，復折而南，進所謂舌形的一塊地乃沿 Maas 河之東岸，與 Maastricht 城相對，以至於南境。此線沿兩河設防，故名為 Ijssel-Maas 線，約長二百公里，過 Maastricht 城而西若南，則為比境，此即比國最重要而最堅固防守線之所在地也。

在 Yssel-Maas 線之西，相距最遠點約四十五公里，另一防線名為 Grebbe 線。此線自 Issel 湖之南岸起，過 Amersfoort 城，南下至 Grebbe，以達於萊茵河北岸。沿線築壘最稱堅固。線長約三十五公里。由其南端渡 Waal、Maas 兩河：其南為 Peel 線，大致與第一道防線南段平行而下達於比境為最後築成之線。其西則為 Betuwe 線，大致沿 Maas 河而西，至 Wondrichem，與 Gounchem 相望，而接灌水線（Water Line）之南端。又自 Wondrichem 沿 Waal 河而西至於海口，則為荷國國防地業：Fortress Holland 之南段防線也。

距 Grebbe 之西又五十餘公里，為荷國主要防線。北自 Yssel 湖，南至 Maas 河，其間設有灌水區域，即所謂灌水線是已。是線亦自 Yssel 湖之南岸起，Muiden 為其起點，轉折而南至 Gorinchem，渡 Waal 河至於 Maas 河邊，共長約五十餘公里。凡荷國政治中心之海牙、工商業中心之阿埠、鹿埠與 Dordrecht 城等均在灌水線防守範圍之內，亦即「荷國國防地業」所在地。阿埠本為重鎮，即比年填海所築長堤，亦後設防。而此灌水線者不獨含有軍事上重要性，並有歷史上的價值。西歷一六七二年，荷人嘗於其地，以一萬荷兵，阻路易十四倍之師，至於今傳為美談。灌水區寬自四公里至五公里不等，水深可自二十糎尺（Centimeter），至四十糎尺，以至於數公尺。此次歐戰起後，經試驗，認為足使敵之馬隊與機械化部隊均陷於泥淖而不得進。此外，荷國所有防區，均可放水，固不獨灌水區域為然也。

荷蘭空軍，在一九三八年間，有機五百架，中有最新式的轟炸機。其駕駛員頗多能手。防空設備，雖欠完善，然亦置有瑞典 Bofors 兵工廠所製之高射礮。軍用飛機場：有 Texel 島之 De Mok、北部之 De Koog、阿埠之 Schellingwoude、海牙之 Ipenburg，歷頓之 Volkenburg，Zelande之 Veere，中部之 Soesterberg，南部之 Gilse-Reyten，而鹿埠之 Waalhaven 與阿埠之民用機場，尤為全歐設備最美面積最廣之機場之一，故較之軍用機場，其重要有過無不及云。

荷之海防，北有 Den Helder 軍港，西南沿海一則 Maas 河口，二則 Hollandsche Diep 及 Volkerak，三則物利津 Flushing及 Scheldt 河入海處均有設備，至其海軍力量共八萬噸左右，其主要任務在於防護荷印的安全將於第八篇荷屬東印度之地位與其前途「撮」要論之，暫不先述。

（三）荷國的中立立場與其維持中立之艱難

中立政策為荷國傳統的外交方針，但荷國情形異於比國。比之中立自一八三〇年至一九一四年八十餘年間，係列強簽約互相擔保的；荷則全由自立始。上屆歐戰比仍被牽入漩渦而荷則幸免。自歐戰告終，國聯產生以後，中立地位與盟約上之責任有所牴觸。荷之外交方針，既以國聯盟約為基礎，乃有放棄中立政策之趨勢。

我國九一八之變，荷之對我同情心，雖不若其其他數小國之顯著而欲藉盟約力量，以阻止侵略，則未嘗不同具此願，既而國聯對中日糾紛無法解決。嗣則對義阿事件試行制裁後歸失敗。而德國自希氏執政以來，初則退出國聯與軍縮會議，繼乃重行徵兵制度，旋又於萊因河解除武器區域恢復武裝節節進逼，而英法二國彼此持見方歧遂無切實應付之方。至是荷對國聯之信仰，始根本動搖，其對國聯盟約，有如歐洲其他數小國，根本的改變其觀念與解釋，其對於第十六條之態度，初則曰：在國聯盟約各條款尤其是關於減縮軍備一條未能全盤的貫澈的實行以前，則對於十六條之實施，須加考量，繼則謂：甲會員國若根據是條規定欲於乙會員國境內通過軍隊以制止侵略勢必使乙會員國之領土變成戰場。故假道過軍之規定，不得通用。末乃稱在現時國際變局之下會員國不負實行第十六條之義務，至是而荷國始完全恢復其傳統的中立政策。

然荷之中立政策，仍係自主的性質，意在靠己國的力量以維持其中立，而不欲任何他國以任何方式簽約保證，更不欲與任何他國訂立軍事上之同盟。此種立場，仍與比國有不同處。蓋比自歐戰後變更中立的立場，成為法國之同盟國。政治國防，在在與法國生密切的關係。直至德國恢復萊因河區域武裝，片面廢除洛卡諾公約，比國鑒於歐局之變遷，乃商諸英、法，解除其洛卡諾公約所負責任，而欲仿行荷之自主政策。然比國仍接受英法之共同保證及德國之單獨保證。荷則凡有保證提議，概予謝絕。其不同點，蓋在於此。故對於希氏一九三七年一月卅日所說：「德國準備承認並保證比荷二國為永久中立區」一層荷外長葛拉孚氏孚 de Graeff，宣稱「關於荷國領土之不可侵犯一點，荷國不能與他國訂約規定，蓋此點荷國視為天經地義，決不容許其作為訂約之內容也」葛氏此言，足以代表荷政府一貫的外交方針。然前年戰事既起，德、英二國所為尊重荷國中立之片面聲明，荷政府自亦從未作拒絕的表示也。

緣歐洲西北隅比、荷二國（統稱 Low Countries）實為英、法、德三大國間緩衝地帶。英國以有唇齒關係，固以保守二國之中立為英國傳統的外交政策之一端。即在德國當有事於東歐而無暇西進之秋，亦未嘗不欲藉比荷以為屏障。二國介於其間，若得迎機利用，相安無事，自其所願，無如強國勁旅，可東可西，局勢變化，瞬息萬端。德法邊境既已互築防線，勢難正面衝破；而比之東境，亦築有堅強要塞，其北段恃亞爾培運河以為守。瑞士多天險，不易假道進攻，則西歐防線之最大弱點，有如上文所述，莫若荷蘭林堡省之南部是已。

以是，荷政府一遇歐局緊張，即復慓慓危懼，從事戒備。當前年以波蘭問題歐局萬分緊急之際，荷政府為預防歐戰發生，努力維持其中立起見，於是年八月二十八日即動員一部份陸海軍隊，不幸英法德間戰事發生，荷蘭雖宣布中立，而交戰國乘機進犯領空，荷國船隻亦時被擊沉，均置抗議於不顧。其於英國實行對德封鎖，公海上搜查中立國船隻，扣留運德貨品，損害中立國貿易，荷國抗議甚力。旋以德國大量的實施磁吸性水雷戰術，英乃沒收德之出口貨以為報復，荷國於此，尤指英國之舉動為有背國際公法。荷之謹守中立也，禁止報章作過分刺激交戰國之論調。關於戰事之電影片，並禁放映。十一月八日明興炸彈案，希氏得免於難，荷后致電稱賀，荷外長既親往駐海牙德館慰問，又訓令其駐柏林使節往德外部致意。荷既戰戰競競必恭必謹，至於如此。然德方則仍以其過於服從英國，深致責備，英方則以荷國之能否保全，須視英之是否戰勝而定，於是多方宣傳慫恿其放棄中立，欲荷國暨他中立國起而與英法為一致抗德之舉動焉。

十一月九日，荷外長柯賚芬氏 Van Kleffens 在第二院演說，對於德以荷之態度為袒英相責備，力加否認。其言若曰：荷蘭與其他中立國，若肯徇英之請，給予保障俾其船貨得免扣留，其事甚易，顧此正荷國之所不願為也。荷外長又云：「吾們不願做英國的工具以害德，正與吾們之不願做德國的工具以害英者相同，吾們態度正常，無可訾議。須知荷人為獨立民族，正如國王威廉第三所云信上帝恃己力以為生者也。」但於此有當附帶敘明者，英既對德宣戰，既將絕對的與相對的違禁品，開單公布，實行禁運。同時為減少中立國貿易之損失，商由各中立國經辦進出口貿易商家特設公司，提出擔保，聲明所辦進口貨品，決不轉運至德國，英方得此擔保以後，不復加以干涉。荷人乃首先組織，荷蘭海外貿易信託公司（The Netherlands Overseas Trust）：其他中立國，如挪威，瑞典，丹麥，瑞士等國，相繼為類似之組織焉。復有所謂 “Navicert System” 戰時領事簽證辦法者：凡中立國商人於運貨出口之先，預向輸出口岸之英領事或其他英國主管人員，將出口貨品詳細內容承售商姓名，輸貨目的地國名，船名，以及開船日期等項逐項報明，得有證單，持向英國海軍當局呈驗放行，即可免扣貨稽查之煩。此種辦法，自上屆歐戰英國已予實行，此次復推行此法幾及於全體中立國，而荷蘭亦在其中。德方則稱凡中立國接受英國此項辦法者，其對德態度即覺可疑云。

英法德戰事既作，荷、德間與荷、英間之爭執與摩擦乃日增，其性質最嚴重之邊境事件，厥為前年（1939）十一月九日汶羅 Venlo 案。汶羅在德、荷邊境間為 Maat 河東岸荷國一小城。有英人斯蒂文斯少校 Major R A. Stevens 及白斯脫上尉 Captain S. Payne Best 者。持有倫敦方面訓令。與德國高級軍官在汶羅地方會談。藉以試探兩國間有無和平途經可尋。斯蒂文斯少校為駐荷英館祕書兼護照處主任。此二英人，已與德方派員會談二次。有荷軍官 Lieutenant Klop 在座參加。是日將作第三次聚談。乘白斯脫上尉汽車行抵汶羅時，即有德方暗探越境開鎗射擊。斃荷軍官，攜其屍體於德境。劫二英人與荷蘭汽車夫亦往德境。越四十日，荷政府向德國提出嚴重交涉，要求滿意解決。並要求送還軍官屍體，及釋放汽車夫。德置不覆。此荷軍官者，聞荷政府所派以探聽會議內容者，兩次會談之後，聞已作成書面報告，送存荷政府。去年二月初，荷國陸海軍總司令 Reynders 辭職。Winkelman 繼任。德方宣傳謂與汶羅案有關。荷外部乃非正式派員往見德館辦理情報事務之隨員，稱德方宣傳為深可詫異，言若德方必持此說，則荷政府不得不公布報告書。德館隨員，不贊一辭而言他。

上年五月十日以前，荷蘭局勢之忽緊張忽緩和者。在前年八月及九月初，同年十一月間，上年一月間，四月間，凡四次。前年八九月間，歐戰初起。德人方猛攻波蘭，西歐獲可相安無事；其後波蘭為德蘇二國所瓜分，德人移兵而西，集中於荷比邊境，荷蘭局勢，乃日見緊張，至十一月初而臻嚴重。於是荷國作種種軍事上準備，取銷軍隊例假，枕戈待旦，儼如大敵之將臨。是月十日至十二日尤為吃緊。其時德方盛傳英法處心積慮將攻荷比二國，是以德軍必須準備進援。而其預定之計畫，則欲一鼓而下 Masstricht 與 Liege。而以法國之 Calais 為作戰目標。乃至十三日而形勢忽緩和。蓋由荷、比以達瑞士邊境之全線上，德國原作種種進攻準備，而最後進攻命令，則始終未發。或謂進攻之令已發，而臨時變更計劃懸崖勒馬，其說恐未必確。即德人何以不擬進攻，當時種種揣測，不一其辭。有謂德恐進兵以後，受荷、、比軍隊左右夾攻，軍事上將生危險者。有謂英法正欲於別國境內迎頭痛擊德軍，其計為德所窺破者。有謂德恐進攻荷比將引起重要中立國之重大反感者。此皆似是而非之論也。其後時值冬令，日短多霧不利於作戰。他方面則蘇芬之間戰爭方酣，德人目光別有所注，西線戰事遂乃若有若無，亦即亦離，英相張伯倫所稱有史以來最可奇異之戰事是也。上年一月十日，德國飛機一架在比國之 Mechelen 被迫降地，內有德國陸軍少校一人，攜帶進攻荷比之計劃，急報傳來，荷國局勢之吃緊者，又一次。四月九日德軍突然襲擊挪威並佔領丹麥，而荷國局勢又復加緊。自是日以至於五月十日之變，一月之間，實無日不在戒備中，當於第五篇德侵荷比二國的前夕再論及之。

當前年八月間英德談判吃緊之時，荷后與比王嘗約同瑞典、挪威、丹麥、芬蘭、盧森堡諸國而為從中斡旋之提議未得要領。其年十一月六日晚，比王忽率其外長往海牙見荷后，密談良久，次日發表兩元首聯名分致英王、法總統與德元首之電文，重申斡旋之議。（原文見附件一）越五日，英王覆謂英之所以對德作戰，實以德國不斷的侵略其鄰邦致使歐洲常處於恐怖狀態中，英之用意，無非欲拯救歐洲，出於此種狀態，而使歐洲人民得以保全其獨立與自由，並欲使遇有國際爭端，必以和平方式解決而不許以武力解決，假使德方有和平提議，足以達到此種種目的者，英政府自當竭其誠意加以考量等語。同日法總統亦致覆，則謂非將德對波、奧、捷克諸國，以武力造成之不公平狀態予以彌補後，不得永久的和平。是月十四日，德外長而駐柏林比、荷二使口頭答覆，以兩國元首和平動議已為英、法二國所破壞為辭，認此議為已成過去云。

自比國離荷獨立以還一百餘年間，荷、比邦交，雖恆循常軌，而究未見親善。上屆歐戰，比被德侵，荷守中立，戰後比與法國關係最密，而荷則深以加入任何同盟為戒，直至一九三六年間，比國變更其外交方針，試行荷之自主政策，而比王與荷后後於年前相互拜訪，因而兩國國交益見好轉。要之，荷之於比，亦猶虞之於虢，有唇亡齒寒之相關，歐局愈惡化，斯二國之相互關係亦愈深切，然比、荷二國，始終不欲訂軍事同盟。即十一月間荷后、比王會談之後，仍未聞有正式共同防禦之謀。此則就軍事言，在 Waal 河之南與亞而培運河之北，其間最為易受敵犯，荷、比二軍，若受敵重兵壓迫勢，必南此分道撤退，是以共同作戰，極感困難。若就政治言，荷、比兩國看法，從令兩國成立軍事同盟仍不足以禦強敵，而先予強鄰以口實，易啟糾紛。蓋年一月間事態緊急之時，德人已警告荷國不得與比國合作，是則同盟之利未見而弊已先乘之。且夫此國被侵彼國幸免，此種心理或亦人情之所同具耳。

該此種幸免心理對於國家前途究多危險。故荷蘭前任首相，柯冷博士，於上年一月間獻議荷政府，欲向英國商洽共同禦德計劃，同時並與德國商洽共同禦英計劃，彼之看法，以為荷國處此危局，必有求援於他國之一日，顧現代戰術千頭萬緒，必須與理想中的友邦，早為接洽準備，方可臨事得有效之援助，此如友軍之登陸或駐兵應於何地，又如友邦飛機應停何處機場，種種問題，均須事前早為商定，即不得不預有接洽。其時荷之當局，深恐若與一方在國防上有所接洽，必將啟對方之疑慮，而促成侵略之禍，故對於柯冷之主張，不敢採用。至於此議若行，究竟能否阻止侵略減少，危機則可未可知也。

（四）荷國內部情形的複雜

荷蘭人素以歐洲之中國人稱，為愛好和平的民族，思想合乎中庸，極左極右，均非所尋，顧大體尚保守，趨於右端。屬於右派之三大政黨，即羅馬公教黨"Roman Catholic"、基督教國粹黨"Anti-revolutionaries or Calvinists"、基督教傳統黨"Christian Historic"常握政權，並佔國會中大多數席次，然荷蘭政黨多於過江之鯽，自不免有極左極右之偏，極左者有共產黨，極右者有國社黨，荷之國社黨在工程師慕搜脫 A. A. Mussert領導之下，於一九三一年終成立，其時世界經濟不景氣，影響及於荷蘭，在全國人民頗悶的狀態中，此黨此建樹強有力政府為號召，得以應時而生，初雖風行一時，繼而漸歸闃寂，蓋是黨雖於國會上下院各佔四席，而前年四月間省議會改選時其所得席次，較之前二次選舉，減至百分之五十以上，其勢力之消長於此可知。四年前荷總理柯冷博士嘗說：莫斯科與慕搜脫，一為魚頭，一為魚尾，均當割棄以留魚身，此說還以代表荷蘭人之一般心理也。

一國當太平無辜時，即使有傾向他國之分子，亦無所施其技，但當國際風雲變幻之秋，此輩縱未必即有勾結他國行為，而外之受外界勢力的蠱惑，內之與本國當軸生摩擦、言語行動，往往足以為本國患，曠日彌久，為患彌深，一旦本國有事則遂蠢焉思動，而其禍乃不可收拾矣。

荷之國社黨其政治上的主張，與德國現政府氣味相投，自不待言，由其本黨的立場觀之，彼之傾向於納粹或法西斯蒂制度，要無異於他黨之傾向於德謨克拉西 democracy，決不自承有絲毫賣國行為，況荷人愛國觀念，原不後於他人，顧以有文字血統關係，其親德成分，自多於其親他國者，此固不限於一黨一派也。他方面德人之居荷者，為數亦至眾，平居好採訪駐在地政治國防經濟，以及其他一切情報，以貢獻於本國，備萬一之用。若由其愛國的立場而觀之，亦斷不自認有絲毫政治作用也。然在局勢危急戰禍將臨之際，凡有賣國間諜行為，要為輿論所不許，法律所必繩，然以荷蘭民治政體發達，人民之寶貴其自由，有過於其生命，加以政府力避過分刺激鄰邦，免貽口實，故對於擾亂分子，取締處理，兩皆從寬。

當歐戰初起，此種案件，初無所聞。十一月間。有荷人同謀大規模的偷運荷軍服往德案被查破。有荷國國社黨人，查有關係，停止黨籍。並有荷軍官一人及德人四人被捕。

十二月初，有經濟部及社會事務部高級職員各一人，因有助德為間諜工作嫌疑被捕經四閱月之審問，社會事務部職員，被判處二年又八個月監禁，其妻以共同犯罪，判處十八個月監禁。經濟部職員，二年監禁。

去年二、三月間內部間諜工作乃大盛，有用祕密發音機向德國航空人員報告氣候者，亦有向德國傳遞軍事上暨其他消息者。

至四月初德攻挪威以有叛徒 Quisling 為內應，德之進兵佔領，極為得手。故荷用對於內部搗亂分子的活動，更加以嚴厲的取締，曾擁國社黨機關報 National Dagblad 主筆，勒令停版，並搜查第二院國社黨議員 Comtede Merchantet d'Borsambourg 之住宅。又將同院該黨議員 Rost van Tonninger 與其他二十人同時拘禁。Rost van Tonninger 者曾以整頓奧國財政問題，代表國聯，駐在奧國嗣加入國社黨，擔任該黨機關報 National Dagblad主筆，一九三七年當選為第二院議員，多所搗亂，其次以違章被禁止出席，英國輿論界稱之為荷國之 Quisling 是也。荷總理宣言，則謂此女一人之被拘，不因其政治上之見解，乃因其有危害國家安全並動搖維護中立決心之故。

荷蘭被侵之前數日，慕搜脫宣稱，德若攻荷，我國社黨人，既不在軍政各界服務，自惟有袖手旁觀。又謂：此次歐戰若英法得勝，則吾黨即無立錐地。慕氏之說如此，然其言論行動自由，未聞加以限制。

迨五月十日之變，國社黨人於海牙及其他大城市，到處騷擾謀奪機關，鎗擊本國兵士，激起巷戰，以致發生恐怖狀態，雖與德軍尚無表裏相應之跡，德人亦後加以否認，然其乘外侮憑凌造成混亂，以速崩潰之禍，要為事實。

顧事後黨支部於六月十三日在阿姆斯得達姆開會，則謂戰中黨人被拘禁者，不下數千人，身體自由既經喪失，焉能有通敵賣國之行為。下院議員 H. T. Wondenberg 又謂戰爭一發生，吾人即失其自由，是荷蘭事實上已完全變成英國殖民地，戰後荷蘭為德國所有，吾人反恢復自由，故吾人寧為德國臣民，不願荷蘭作英國殖民地。

先是，德人於佔領荷蘭後力避與荷國社黨人有露骨的合作。誠以極端主張，本不合荷人性情，而國社黨之所為，後為國人所厭惡，德人方欲得荷人之歡心，故以冷淡態度對國社黨人，比如黨機關報 National Dagblad 於戰前數日，被勒令停版，迨德軍進海牙，其經理請德司令部恢復出版，則告以當往與本國官廳接洽，即其一例。又自荷國被德軍佔領後，亦未聞有此黨人擢居要職者。迨至十月初，黨魁 Mussert 偕黨員 Van Gelkerken 與 Rost van Tonninger 隨同德國派駐荷蘭民政長官崔心誇 Seyss-Inquart 往謁希氏於柏林。希氏接談良久。此三人者，德方認為對於其本國前政府之錯誤，有徹底的覺悟，而對於本國之前途有準確的認識者也。

（五）德侵荷比二國的前夕

四月九日，德軍不遇抵抗，佔領丹麥。同日以武力佔領挪威京城奧斯洛既其他海口。英派海陸軍來援，法亦酌派軍隊參加。初於 Narvik 那維克港海戰得利。那維克港為瑞典生鐵運德經行之地，英國嘗於挪威領海敷設水雷，以阻運，而挪威正向英力爭者也。德軍於 Skagerrak 渡海，固遭重大犧牲，然以有空軍掩護得以大量飛機，載運大軍，陸續開抵挪威。英之在挪，既無空軍根據地，僅恃海軍之力，莫能阻止。旋徇挪威政府之迭次請求，英軍在挪威西岸兩路登陸，擬欲夾攻 Trondheim 作為挪威政府行都及抗德根據地，終以德軍進展神速，加以空軍猛擊，英之計劃，全歸失敗，英法聯軍僅得撤兵渡海而退，此距德軍之初占奧斯洛未及兩旬耳。

德之初攻挪威也，英人認為此係希氏在政治上及戰術上之重大錯誤，可與當年拿玻崙之攻西班牙而遭失敗者比。加以蘇芬之戰，英法本於一月杪決定派兵援芬，卒以瑞典挪威兩國嚴守中立，不允過軍而罷。今德既已侵挪威，聯軍即可派兵痛擊，以他領土為戰場，而打開沉悶的戰局。其貨運之沿挪威海岸以達德國者並可加以禁絕。在聯軍方認為局勢之好轉，不意軍事既全遭失敗，聯軍聲望大受打擊，英國內部發生政潮，國會嚴重質問，首相張伯倫因以去位，而德人遂於此時進兵西線矣。

蘇、芬之戰，瑞、挪守中立，已如上文所述。及德攻挪威，瑞典仍謹守中立如初，瑞典非但不援挪威，如英國之所期望，及與德國作進一步之接近。迨英軍登陸失敗，則其一般論調，一如其他數小國，均歸咎於英之不能切實援助挪威。

於時西歐諸小邦咸皆惴惴不安，有朝不保暮之慼。荷蘭既已加緊邊防擴大戒嚴區域至於全國，並取銷軍隊一切例假，其在假者概令即時歸伍。雖全國形勢，又頓見緊張，而政府及人民仍多力持鎮靜。報章論調，則以上屆歐戰軍隊取銷例假，至六十次以上，今則僅第四次耳；且以比國此次並未取銷例假，引以為慰。惟荷政府同時派其駐美公使 A. Loudon 為總出納員，以備於此要時發給荷國駐外官員之俸薪，實為非常之舉。

至當時形勢之所以極端緊張，其確實理由，蓋以五月六日左右得到確息，謂德外長 Von Ribbentrop 方擬最後通牒稿，將於七日（星期二）派專差二人分別送致荷、比兩國政府，荷既得訊，加緊戒備，然星期四猶未見專差抵荷，而德人宣傳力稱警報之來，多由於英人暨他國之揑造，且極言德無侵略他國意思，則以為危機復過形勢較見見緩和，而孰知次日侵略之變起倉卒也。

（六）德攻荷蘭五日間荷國軍事政局的變化

一九四〇年五月十日

先是，德軍奉命於是日晨五鐘半，進攻荷、比二國及盧森堡。然三鐘左右時，軍隊實已開始前進。而飛機之過荷境，則更在其前。是時海牙城中人民咸於夢中驚醒。聞空中有巨型飛機聲，其聲頗重，非所習聞。更有高射礮與機關鎗聲齊作。雖空襲警報，至午前十一鐘始發，此時固無所聞。而居民已知有變端，莫不披衣而起。但見德機飛翔成隊，高射礮彈，煙藥滿天。初尚群集窗前觀望，俄聞投彈聲，並見有敵機中彈被焚落地，乃始有走藏地下室者。其他重要城市情形，大致相同。旋聽女后布告，以德軍無端來侵，致切實之抗議。而歎戰禍之真臨矣！

德國跳傘部隊所降落之城市，除海牙近郊而外。餘如北方之 Frisian Islands，南荷蘭省之 Delft 及 Dordrecht 兩城。尤其是 Moerdyk 長橋附近，降落不少。是項部隊之目的，在於深入腹地，擾亂後方，圖奪鐵路橋梁與飛機場等。其主要飛機場，如鹿埠之 Waalhaven，阿埠 Schiphol，海牙之 Ipenburg，一面被轟炸，一面亦有為跳傘部隊所占奪者。鹿埠 Waalhaven 機場既被奪，未幾即有水上飛機若干艘，載正式軍隊，降落於市中心之 Nieuwe Maas 河中。將鐵路橋，及其旁橋各一座，與兩車站以及附近地段，同時佔領。而跳傘部隊下降最多之地，厥為 Valkenburg 城。Valkenburg 為歷頓 Leiden 西北一小鎮，附近有飛機場。是日跳傘兵降落者，二百六十人。荷軍從附近 Oestgust 開礮射擊，毀教堂民房甚多，兵民死傷枕藉。跳傘兵死六十人，傷八十人。其餘，或被俘虜或散匿民間。其埋於教堂前面空地者，有屍四十七具，中有兄弟二人，同時殉難。英方傳說德之跳傘軍隊，有上次歐戰，德人流落荷蘭所生小孩，窮無所依，荷蘭人撫養成人者。又聞有穿荷兵軍服者，亦有扮成傳教師、農夫、尼姑者。亦有先降假人，乃降兵士者。各種傳說，不一其辭。若就荷蘭言，此中固有久居荷蘭，善操荷語之德國青年，藉作鄉導。亦有傳教師下降，則其使命在於勸降，仍盡其傳教師之職務，固不在跳傘部隊之列也。

陸路方面德軍分南、北、中三路進攻。荷軍按照預定計劃，聞警即炸毀 Maas 及 Ijssel 兩河橋梁若干座。終以德軍攻勢極猛，其機械化部隊之前進，如薅之薙草，所向無敵，莫能阻禦。則 Roermond 城及 Maastricht 要鎮，相繼陷落。林堡省全省被蹂躪。同時跳傘隊到處活躍。Dordrecht 既下，德人遂進至 Rotterdam 近郊。中部則德軍於晨八鐘進境約十五公里，佔領 Ijssel 河南岸之小城。越三句鐘，又佔領 Arhnem 與 Niemegen。荷軍遂撤至 Grebbe 防線。德軍轉戰進逼，集中兵力，猛攻 Grebbe 線南端之 Grebbe 城。惟在東北邊境，則兩軍尚能相持。其英法二國，因荷比之求援，聞警即派軍隊，於六鐘左右，開始向比境開拔。顧是日傍晚，行抵荷境者，僅有法軍少數騎兵。於 Bergen op zoom 地方，與荷軍形成聯絡。同時得英機之助，主要飛機場之已失者，除一處外，餘均於是晚奪回，擊落德機，至少有七十架。德國鐵甲車被毀四輛。

德軍既於是日晨三鐘開始進攻，其駐海牙公使 Count Julius de Zech-Broekersroda，則於六鐘往見荷外長柯賫芬氏 E. N. van Kleffens，送致最後通牒。稱德人已以大軍進攻，所有抵抗，均屬無濟。荷蘭若不抵抗，則德國對於荷蘭在歐洲暨海外國家產業，以及王室，可予保證。否則其國土與政治地位，將發生完全毀滅之危險。因此勸告貴國，立刻曉諭全國軍民，並與敝國司令長官接洽。又稱德國獲到確據，英、法二國，即將侵略荷、比、盧森堡三國，以進攻德之羅爾區域。此項進攻計畫，早經準備，為荷、比二國所知悉各等語。荷外長答云：所稱荷國與他國訂約，謀與德國不利，此種推測，荷政府憤然否認。茲德國既已無端侵略，則荷德已成交戰國矣。

荷后於告國民文云：「幾月以來，吾國謹慎小心，嚴守中立。吾國除守中立外，不作其他企圖。乃德軍並無任何警告，突於昨晚來攻。德嘗鄭重聲明，謂我若保守中立，彼此予以尊重；今竟自食其言，德人之失信背義，實所罕見。舉凡文明國間所應遵守者，盡皆蔑視。余因此提出切實抗議。余及余之政府，自必盡其職責。凡爾國民，不問在何地方，亦不問在何種情形之下，亦應審慎從事堅忍不拔，坦白乃心，各自謹守厥職。」

德國宣傳部長 Goebbels 作廣播宣傳，說明決定進攻荷比二國之理由，大致如下：

（一）自戰事發生以來，荷比二國報紙之反德態度，更甚於英法二國。雖經德國提醒，終不改變。（二）英國得荷比二國軍民機關之幫助，在各該國內祕密工作，企圖鼓動德方革命，藉以推翻現政府。（三）荷比二國軍事上之準備，足以証明該二國真正用意之所在。（四）例如比國僅於德國邊境建築礮壘，而毗鄰法國之處則無之。事經德方迭次交涉，比國雖允將此不平等狀態除去，而事實上依然如故。

（五）荷國沿海一帶，亦不設防。自戰事發生後，英空軍幾乎每日經過荷蘭，飛至德境。此種侵犯領土行為，至少有一百二十七次。業經確實証明，並經德方通知荷政府在案。實際上則尚不止此數。（六）荷比二國之動員，專係對德。（七）當荷比集合軍隊於德境之時，德國對各該國邊境，並無軍隊。他一方面，則有英法雄軍，駐在比法邊境。（八）德政府獲得文件，証明英法取道荷比領土以攻德國之計畫，業將準備成熟。（九）德雖屢請比外長注意此點，迄無變更之處。反之比國國防部長，竟在比國會宣言，自認英法比三國參謀部，關於共同攻德之計畫，業經完成。（十）假定荷比二國，以受英法逼迫自辯，仍不成理由。況辯論終不足以變更事實耶！

是日荷外長柯賚芬氏，偕同殖民部長韋爾脫氏 Ch. J. I. M. Welter，乘飛機往倫敦。晚間荷外長在倫敦作廣橫演講，略稱本人與殖民部長來英，代表政府向奧國政府，謀密切之聯絡。吾國擁有廣大殖民地，資源甚富。吾們目的，在於打倒德人之侵略政策。荷國願貢獻其資源，以期達到吾們的共同目標。吾荷人抱有不屈不撓的精神，航海飛行，均所擅長。自必盡最大努力，繼續抗戰，以至共同勝利之日為止，云云。嗣荷外長偕同殖民部長，後赴巴黎一行。越五日，德軍佔領荷蘭。荷蘭全體閣員往英，二君迄未能回荷也。

十一日

是日，海牙城內，國社黨人到處騷擾。兵士追擊，造成混亂的巷戰，有襲奪王宮及郵政總局的模樣，曾往襲警察總局而未成。德、荷二軍，並在鹿埠混戰。其南，則二軍發生激烈接觸，荷軍向 Bois-le-Duc 與 Tilburg 線撤退。法國軍隊繼續向比荷北上。有機械化部隊一師兵，開抵 Tilburg，英則派兵四十百人到荷。其中一百五十人往 Ijmuiden，欲毀水閘；為其地市長所阻，僅毀小閘一二處。餘二百五十人於 Hook of Holland 登岸，欲開抵海牙，則告以海牙無須乎此。其時鹿埠適值作戰吃緊，請往助戰，則以未奉令答覆，仍上船返英。至其空軍，則繼續活躍擾亂敵人交通線。然德軍在比、荷二國邊境，猛力推進，卒能奪得 Eben-Emaal 礮台，過 Meuse，並渡 Albert Canal，而向 Liege 前進，Eben-Emaal 礮台，為 Maastricht 與 Liege 間之新式要塞，實為 Liege 防線之鎖鑰。初則德空軍向該礮台猛擲重量炸彈，嗣即下降跳傘部隊，礮台遂為所得，比軍即晚向西總退卻。

十二日

德軍佔領荷蘭東北部 Friese 及 Groningen 兩省後，直下須得海東岸之 Harlingen 城，並佔領須得海東岸，衝破 Grebbe 及 Peel 兩防線。其在鹿埠德人，後得第五縱隊 Fifth Column 之響應活動，南從 Maas 河，向市中心前進。海牙城內，仍有巷戰。然法方公布，猶謂是日荷方形勢轉佳；則以海牙及鹿埠北區之德國跳傘隊，均告肅清；而荷比邊境之 Breda 城，法軍扼守，未為德軍所攻故也。

十三日

德軍渡 Ijssel 及 Maas 兩河西進。其在鹿埠城中之德軍，雖經肅清；然鹿埠南區，仍在德人手中。且德軍從荷蘭南部前進，佔領 Moerdyk 長橋區 Hollandse Oiep，抵萊茵河邊，與原在鹿埠之德軍，取得聯絡。因而繞出荷蘭之主要防線，造成不可收拾的局面。惟是日跳傘部隊下降者不多，降即消滅。前數日下降之部隊，迄有未經捕獲者。其在 North Brabant 省，法軍與德軍發生接觸。然德軍自比國 Ardennes 森林，長驅南下，直逼法境。法境內 Meuse 河各橋，雖經炸毀。但德軍用橡皮汽油小艇渡河，架起已毀橋身，衝過坦克車。空中並有飛機掩護轟炸。法軍人人自危，軍心動搖，Sedan 遂為德人所得。同時比國局面，亦極嚴重。要塞雖尚未失守，然德軍繞道而西，進逼白魯塞爾，相距僅七十英里矣。

是日上午，荷公主率其二女，由 Prince Bernhard 親王，伴往倫敦。其所乘之英國驅逐艦，幾為磁性水雷所中，相距僅四十碼耳，旋荷后亦率其侍從女官數人，由 Hook of Holland 乘英國驅逐艦避赴倫敦。樞密院副院長貝拉此 Jonkheer F. Beelaerts van Blokland 奉命隨行。先是德軍奉命生擒荷后暨全體閣員，以便劫持屈服。欲於侵荷之第一日二十四鐘點內，平定荷國。故荷后所居宮園內，嘗有跳傘兵降落。王室中人偶從窗邊窺望，或進花園，即有人向之放鎗。至是防線既被衝破，德軍三面進逼，造成包圍形勢緊急萬分。荷內閣因勸請荷后，速離海牙。荷后初尚欲乘本國軍艦暫避 Zeland 南部。嗣則接受英王英后之邀請，乘英艦赴英。以恐德空軍追蹤轟擊，事前祕不使人知，亦始終未通知外交團。直至傍晚聞無線電台報告，則謂荷后已於即晚安抵倫敦。次日，駐倫敦荷館發表宣言，有女王滿擬從早回國，與人民共患難之語，十三晨聞有英驅逐艦六七艘駛抵荷國海岸，即所以分載荷后公主，暨荷政府全體閣員，以及英國使領館人員，與交戰國數國使節等往英。尚有阿埠金剛鑽廠存鑽，亦以驅逐艦運往英國，約值五百萬英鎊之譜云。

十四日

德軍衝破 Grebbe 防線後，直向 Utrecht 推進。南則佔領 Roozendaal，開抵鹿埠。北則 Ijmuiden 被轟炸，阿埠後有跳傘兵降落。海牙城內，仍有混亂狀態。

午後，鹿埠市中心被轟炸。緣鹿埠自十日德軍降落以來，先後五日，無日不在雙方爭奪中。依照德人看法，該埠荷軍既已對德軍頑強抵抗，即失去「不設防城市」性質。十三晚間，德司令遣荷蘭牧師往勸荷軍投降，告以繼續抗抵之利害。荷方不報。次日復遣德人勸降，並以三個鐘頭為限雙方磋商，時限瞬過。既而荷司令決以城降，德方則以為決定過晚。雖陸軍攻城之舉，固可擋住。但有轟炸機兩小隊共十四架，業已昇空，認為無法追回，因仍於午後一時左右，開始轟炸。向市中心投彈六七噸，被毀之區，約三方公里。大建築物如兩車站，大戲院，百貨商店等，均毀焉。獨鐵路橋及旁橋各一座，近在咫尺，毫無受損。

茲據上年底駐荷德國民政長官署所發表該區用一萬至一萬五千工人，以卡車二千輛不斷的從事掃除，是年底可以竣工。其平民死傷之數，德國官方公布共三百人。駐法荷館，則稱平民死者，至少十萬人。就事實言，截至上年七月中為止，從頹屋廢赴中掘起之屍身，計有一萬五千具。此次德荷五日戰事被炸最烈之區，即為鹿埠市中心。顧聞諸德人，此尚為第四類之轟炸。若倫敦巴黎等處，則將以第一類轟炸相加云。

荷總理偕同全體閣員抵倫敦後，陸海軍總司令 H. G. Winkelman 布告，聲明政府他遷，藉以保全其行動之自由。荷后在倫敦亦發表布告，大旨稱：「余及余之政府，因在本國既絕對不克行使職務，始遷移政府，至於外國。此事雖可痛心，實屬必要。一俟有可能時，余將仍回本國。現在政府已遷至英國，藉可避免以政府名義降敵。但荷蘭領土之仍在荷蘭人手中者不問其在歐洲，或在東西印度，自繼續成一獨立國。在各國間，尤其是在聯軍國間，得以發揮其意旨。至於軍事方面，現應如何布置，則由軍事當局，受陸海軍總司令之指揮，酌定之。凡敵人所至之處，其地方民政當局，應仍盡力保護人民利益，尤以維持秩序，與力持鎮靜，為第一要義。當茲時局艱難，余心常在吾國人。但願上帝救助，俾荷蘭得以光復其歐洲領土之完整。猶憶前數世紀，荷蘭迭遭國難，卒獲中興，此次當亦如是。凡吾國人，切勿頹喪自沮。爾等當視國家利益所在，加以努力。余亦盡余之力，特祝祖國萬歲！」既而荷總司令復出布告，謂：「因戰局之推演，使女王及其政府不得不決定他遷。緣荷蘭王國，其疆域本不限於歐洲。數百年來王國之所以見重於世界，實由於其海外屬地。政府職責在於統治所有領土，豈得以敵軍猛進一隅，而自陷於絕境。況在國外，得與聯軍國發生密切接觸，相機處置，並足以兼顧祖國利益，故荷蘭仍歸其合法政府統治。本總司令在此，乃為其最高代表。所有各部暨各省市政府，均照常為人民盡職服務。敵方宣傳謂荷蘭人民為其當局所棄，此說絕對不確。值此萬分艱危之際，凡吾國人，務宜安堵如常，亦猶軍隊之當繼續衛國也。」

十四日上午，荷總司令向德軍求和。在鹿埠東南附近一小城，名臘蘇Rijsoord者，雙方相晤於某學堂內。約九鐘半時，德軍司令率其部屬，先抵彼處。因派軍官數人，往鹿埠橋旁，候接荷總司令，嗣見有懸白旗之汽車，自市中心向南開到，隨於其後者，即荷總司令，帶同軍官三人所乘之汽車。雙方遂於學堂會面，聽取投降條件。自十鐘一刻起，至十一鐘三刻，而投降之方式議定，荷總司令乃返海牙。先是事變初起，駐荷德使 Von Zech 被軟禁於海牙城中 Hotel de Indes，並未送回德國。是日午後七鐘，荷軍官 Schuurman 往晤德使，宣稱荷國軍隊除在 Zeland 者外，願向前進之德軍投降。同時荷總司令因德館航空參贊 Wenninger 之介紹，亦請德使轉請德軍部派全權代表來海牙，以便商洽維持秩序與治安之方法。至傍晚而停戰消息，傳布全國。一般居民，頗有喜形於色者。即晚荷軍在海牙、阿埠，及他處將軍用品、車輛存油、盡量毀壞。次日上午十一鐘，德荷兩方正式簽訂停戰條件。午後德國機械化部隊，及摩托部隊，開抵海牙，阿埠 Haarlem 等處。軍容整齊，器械完備。兵士年富力強，極有精神，無趾高氣楊之概。道旁行人，視若無覩，毫無敵視表示，秩序甚好。間有婦女以糖食饋德軍者，則居少數也。

雙方既停戰，荷總司令遂於十四日晚，對國人廣播演講，大旨謂：「諸君方才從廣播電台，聽到最嚴重之決定。余今向諸君親為解釋，吾們現不得已而停戰。原來吾們抱定宗旨，保衛祖國到底。但余以陸海軍總司令地位，接到所有消息，深知事至今日，實已到底。吾們士卒戰鬥之勇，足傳不朽！然此番戰事，以吾們力量與德方相較，相差太遠。吾們以血肉之軀之勇，應付彼方技術化的戰略，究屬無濟。蓋戰士之因爭本國自由而死者數千人矣！以空軍言，所存既如是之少，再難幫同軍隊作戰。即防空部隊，奮勇竭能，以盡其職務，至於今日，欲以抵禦占有優越地位之德空軍，其效能亦屬有限。其他防空設備，情形相同。因而荷軍受德空軍猛烈轟炸之危險。且不獨軍隊為然，即在平民，以婦女孩童言，因空戰而殉難者，為數頗夥。吾國人口既極稠密！城市星布，一有空戰，即難辨別孰為軍事目標，與孰非軍事目標。本日下午鹿埠為德空軍所襲擊，飽嘗全面戰爭之悲慘結果。倘不停戰，則烏埠 Utrecht 暨其他大城市，亦即慘遭同樣命運。吾們既祇能靠自己力量，而已力又不足抵禦強暴，則將何以保存我國家及保全我居民。余故不得已而決計停戰矣！余因知我國人聞訊，必多發生深刻感觸者。但爾等須知，余目前代表荷蘭政府。余不獨有權為此決定，且環顧目前形勢，為人民利益計，余則必須如此決定也。在余深知為人民利益計，此種完全力不相等之戰爭，應予放棄，藉免無辜人民，更受犧牲。凡知我職責所在之人，當了解此種決定，在余為何等痛心之事。然舍此而外，要無他途可尋矣！今請國人值此艱難困苦之中，仍置信念於吾人不可毀滅的力量與信仰。此次戰事，為時雖短，厥禍甚烈。現既遭逢新局面，亦應如當年獨立之戰役，亦勇亦毅，以渡過此難關。總而言之，爾等務須置信念於方來是也。現在務須謹守秩序，力持鎮靜，蓋此為重建吾國之第一要圖也。特祝女王萬歲！祖國萬歲」一嗣荷總司令復發布告勗以各安厥業。對於德國軍隊、軍營、軍用品，均不得有任何敵對行為，致遭德國法律嚴厲之處罰。

此次荷德戰事，荷海軍除礮船幾隻被毀外，殆無損失。由海軍參謀長 Vice-Admiral J. T. Furatner 帶同全部艦隊，開往英國參加英海軍作戰。其空軍除水上飛機外，則已全毀。飛機師死亡者不多。其後英機每晚來襲，荷蘭飛機場及油庫等處傳聞頗有荷籍機師駕駛。至於陸軍損失，據十五晚駐英荷館發表宣言，謂喪失十萬人。但依照德方統計，荷兵死二千百九十人，傷六千八百八十九人。後有私人統計，則謂德方死傷十五萬人，荷方一萬七千人。當停戰時，荷國南部軍隊有加入比軍者，亦有退往英國，編入聯軍，共同作戰者。德既佔領荷蘭全體，獨 Zeland 一隅，以有法軍從 Brabant 轉戰至其地，故仍繼續抗戰。至是月十七日，荷軍先降一部分，法軍由海道撤退。又數日始完全結束。Zeland 戰事極烈，雙方死亡甚多，屍體遍地。省城 Middelburg 之省政府公署，及其他大建築物被毀，荷人頗引為憾事云。

是月十七日，荷外長於巴黎廣播演講，重申荷蘭抗戰決心，至達到最後勝利為止。二十四日荷后在倫敦宣言，亦謂荷后離開本國，正所以自由領導國民，以便繼續抵抗云。

（七）荷蘭本國之前途

依國際公法言，軍事上之佔領並不將被佔領國之主權，移轉於佔領國。故在佔領期內，被佔領國之政治機構，往往盡量予以保存。即第三國之使節，亦仍得繼續居住，保持其固有的外交上之地位。關於被佔領國之一切問題，非俟和約成立，不能確定。換而言之，則被佔領國的主權之是否轉移，其政體之是否變更，以及其獨立之是否喪失，種種問題，仍須視軍事如何結束以為斷，此乃純粹的實際或實力問題。然而國際公法之論斷，原為事實推演的結晶。若就佔領國，對於被佔領國政治上之布置，暨其他設施而觀之，並證以軍事演變的趨勢，為一切推斷的關鍵；宜可窺測佔領國之計畫若何，與其計畫實現之可能性若何，亦即可推知被佔領國之前途若何。茲試將德國佔領荷蘭以後，所為種種設施，及所取態度，擇要臚列。而以歐戰造成的環境與趨勢作為樞紐，分別假定德國戰勝，或英國戰勝二端，藉以推測荷蘭本國的前途。則雖不敢認為確定，亦不欲妄作預言，或可因而窺見一斑乎。

德軍既佔領荷蘭之次日，即五月十六日，將荷蘭鐘點提早一句鐘四十分，改成德國鐘點。發行德國昭信特種票 Reichskredit Kassenscheine，以一個半馬克，換荷幣一盾之比率，定為荷幣以外之法定貨幣。同時德軍總司令出安民告示，聲稱荷蘭被佔領區域，現歸德軍部管轄。德軍部當為必要之措置，以保持軍隊之安全，並以維持秩序與治安。倘居民相安無事，則德軍必尊重其生命財產。又現有各機關倘能與德方誠意合作，則必予以維持。因勸居民各務所業，安諸如常，恪遵軍部命令，勿作任何敵對行為，致因少數人之不負責的動作，累及全體居民云云。

五月十八日德國元首希特勒下令將荷蘭軍民事務，由軍民長官，分別處理。關於軍事方面，由駐荷德軍司令負責。其關於民事方面，則特設民政長官一人，稱為「荷蘭被佔領區德國民政長官」Commissaire du Reich pour le territoire hollandaise oecupé（直接受元首之指揮，駐節海牙，執行職權，為行使職務上之必要時，並得調度德國警察與荷方官廳。至關於司法方面則荷蘭現行法律，繼續有效，但以適合軍事佔領之狀態為限。此外民政長官並得須布命令，與法律有同等之效力。因派崔心誇氏 Arthur Seyss-Inquart 為荷蘭被佔領區德國民政長官。崔心誇奧國人，德奧合邦時代曾任奧政府閣員。合邦後，被希特勒任為奧省長，同時任德政府閣員。波蘭被德軍佔領後，又嘗任為波蘭被佔領區代理總督者也。

荷政府全體閣員離荷赴英後，其各部祕書長以下人員，均留海牙，照常供職。海牙既被佔領，則成立「祕書長團」Collége des Secrétaires-Généraux。其職務僅在於調整屬於次要性質之工作，至稍關重要事項，皆須送由德方辦理。此項組織在德方視為一種承轉機關。其在荷方，則尚有認為不絕如縷的國家生命所寄託者。荷政府原有十一部，連外交部均仍存在，但各部咸失其重要性，外交部，尤無事可為。初被佔領時，外交團有事接洽，仍往商諸荷外部，然荷外部僅能對於次要各事，如銀行提款，及汽車用油之類，為各國駐使設法辦妥。至如各館與本國通電報問題，以及其他重要事項，則荷外部亦認為必須向德方商洽。此際所謂德方，初時即為駐海牙德國使館。德館裁撤以後則為德外部所派之駐荷代表白奈 Bene。白奈者，初居倫敦，業香料商。旋德外部欲派為駐英某地領事，英不允，乃派為駐意大利之米朗城領事。至是以公使銜，派供此職，設辦公室於荷外部原署。荷外部則初遷殖民部，嗣移國會第一院。蓋自德軍進佔海牙後，各機關往往被迫他移，其檔案亦為德方所搜查云。同時荷軍總司令，得德軍總司令之同意，委前任水利部祕書長工程師 J. A. Ringers 為戰後建設委員。

五月二十九日崔心誇在國會大禮堂 Ridderzaal，行就職典禮儀式隆重。荷政府各部祕書長，亦均被邀參加。崔作長篇演說，其中德國對於荷蘭之意嚮態度與抱負，無論精神上、政治上、經濟上，均有明顯的表示。

「各位司令，黨軍政各位，同志各位，

現在依照吾們領袖的意志，將荷蘭最高民政權移交於鄙人。我德國民族之二三敵國，抹煞一切中立原則，意欲以荷蘭為出發點，襲擊我國工業區域的中心，故德國不得不出而保護此邦。其事經過，刻尚未及三星期也。

緣西歐諸國，所望既絕，一切計畫，後全歸失敗，則其不擇手段，而欲出此一舉，為最後之掙札，自已明瞭。

如此，則荷蘭執將成為血戰最烈之區。其戰事之激烈，與毀壞之程度，較之目前在 Flanders 及法國北部，我軍奏捷之戰事，勢將超過之矣。

即以目前而論。類吾領袖之寬容大度與德軍之強盛，已能使此邦公共生活，恢復常態，除為適合特殊場合所必須外，對於日常生活，並未有若何干涉也。

今鄙人值此遵照大德意志國領袖兼德軍總司令之意願，接受荷蘭民政權之際，昭告於爾荷蘭人民。蓋卻人所亟欲說明者，即吾德人之入荷蘭也，與其兵戈相見，毋寧握手言歡。此雖吾德人戰必勝攻必克，而始終不渝也。

於此可見此時所有禍害，以及一切破壞，均當由不識時務之人，負其責任。則觀於上述一端，而足為歷史上之鐵證者也。

德國民族現作最後之奮鬥。民族存亡，於焉斷定。歐洲各國或各政府中，尚有不願明瞭於八千萬德人之在今日，已成為強有力及極端統一的國者。於此八千萬德人，是生存的，而且永永生存。為爭生存，爭前途而奮鬥。

德國民族之二三敵國尤其是敵國當軸，及政治上負責諸人，處心積慮，欲將德國民族分裂、毀壞，而滅亡之。此種計畫，並已成熟，此乃今日舉世皆知之事實也。

《凡爾賽條約》在全世界目光中，永為痛心疾首的一件事。蓋使數百萬德人，強離祖國，又別有數百萬德人，欲回祖國而不之許；及以投諸文化程度較低之異族手中，虐待時加，藉以摧殘其德國民族之特性，此《凡爾賽》是也！又使德國民族的狹窄的生活範圍，但見感觸並剝奪此生活範圍內之天於資源，亦此《凡爾賽》是也，故我德國民族，已知此次作戰之目的安在，無須乎張大其辭。如《凡爾賽》的繼承者之欲以第二《凡爾賽》相加，因而變本加厲也。

然所謂變本加厲的《凡爾賽》作此幻想，適以自暴其罪，吾德人東西受強鄰之侵略，無以自衛。蓋吾德人，西則受法人之蹂躪，東以抵勁敵之來侵，數百年於茲矣。所幸賴有德國民族的血統，使吾人既具創造精神，後有勇力，因而在荷人方面，造成好的航行家與商人。在德人方面，造成全世界最精銳的軍隊為生存權而奮鬥焉。

有人嘗作此語：『德國民族中，有二千萬人太多了！』此人所做事業，在吾德軍的礮火烈焰中，固已雲消煙滅。而其所說，則為怨恨我國之最後遺毒，猶在吾人之耳鼓中也。請問自命為足以判斷德國之諸國，倘聞人說德國現時生存的人口中，每四個人有一人太多，應予消滅。試問此語應作何解乎？若有一國，聽到這種挑釁的呼聲，而不力自振作，使他人永遠承認其生存權者，非國也！

吾們德國人，在希特勒領導之下，趁上屆參戰人物尚在之際，定當逐起直追，為一勞永逸之計。使吾人之生存權，決不再生異議。吾人必將使此權成為不可侵犯也。

吾們為德國民族努力，發生一種精神上的力量，因而來蒞是邦。吾人雖有身臨荷蘭地下者，實無對荷仇視之心。其在荷人，為歷史上錯誤所累，亦受流血之慘。當兩軍相持之際，荷蘭軍隊，知守規則；荷蘭平民，對待德軍，其態度亦屬合宜。是以並無理由，足以妨礙雙方之相互認識也。

吾德人之至是邦也，以有血統關係，亦以血統旋變疏遠關係，而認識益見深刻化。吾人對於荷蘭人民，對於荷蘭青年，抱有無限樂觀。吾人祝荷蘭男孩，成為勇敢強壯有作有為的人；吾人又祝荷蘭女孩，成立室家，為快樂的母親。吾人無論何時，均自認為良好血統所自出者。蓋由血統關係而生的責任。不為尋常事態所拘囿，亦不以缺乏觀念而有所限制也。要之，此點及因此而生之變化，乃能產生某種力量，使人生之大寶，得以發揮焉。

吾們來此，非欲摧殘民族性，亦非欲削奪一國的自由，蓋荷蘭以前為反抗宗教上之專制，為反抗 Hapsburg 帝室，因爭自由而先後奮鬥。此中經過，為吾人所知悉，於此次戰事，舉凡民族性、宗教自由等等均不發生問題。凡此諸端俱未受任何威脅。反之，則此次問題，在於荷蘭是否將成為一種工具；由是以摧殘德意志民族的信仰自由，與生命耳？

吾們對於此邦及其人民，既不欲以帝國主義的手段來相逼迫，亦不欲以吾們的政治上信念相加。吾們一切設施當專以目前特殊情形所需要者為標準。他方面則吾們對於此邦人民心血所在，態度方針，由是而定，亦即為吾們此後工作的標準。爾荷人須知，凡在此邦之德國人皆為吾領袖做事，為爾荷國做事之德國人與勞動者，及鬥士是也。

鄙人相信爾荷人在過去兼旬中，所得實際上之感覺，決不遺忘。德國軍隊，為德意志民族之鬥士，其所向無敵之氣概為爾荷人所目睹。爾等須知，吾八千萬人民的民族，在其最偉大的國民領導之下，其軍事力量，猶未盡量發揮，而其犧牲精神，罕與倫比。既為爭生存權而奮鬥，斷不遭逢失敗，亦斷不放棄其戰勝之結果。

至於西方諸民族間經濟上的關係，將來如何結合，當視德國軍隊之戰績而定之。歐洲的疆域，正向新的秩序集中結合。此後凡為保護階級利益，為保護資本主義利益，而設立之精神上壁壘，應悉予撤去。是故英國人民，若因戰事延長而日趨匱乏，要非吾德人之過。其在吾德人方面，則將對強國的鎮靜態度，靜觀時局的演變而已。茲所可斷言者，乃為新的歐洲，正在孕育產生之中。此新歐洲的偉大，及其需要的平均支配，將為強盛的新歐洲。荷蘭位於萊茵河入海處，握出口門戶，形勢益見雄壯。其成為經濟資源的腹地位益見鞏固矣。故鄙人盼望爾荷蘭人中，有勇氣有決心的人，得以明瞭此點焉。

鄙人以德國民政長官之地位，在德軍保護荷蘭領土民政範圍內，執行政府最高職權，以便保持公共秩序，與公共生活。鄙人將為一切必要之措置，連同含有司法性質者在內，俾得完成使命。

因此鄙人願維持現行荷蘭法律，維持荷蘭官廳，並保持司法獨立。至如何方能完成鄙人此項志願，其條件在於所有現任法官、官吏，以及教職員等，不獨明瞭於此事之無可變更，並須憬然於時局演變之必然結果。君等並當恪遵鄙人所頒布之一切命令，而人民等亦應以諒解的精神，遵守規則，自知管束。

德國民族，在領袖指導之下，為爭民族生存而奮鬥，而此次戰爭，實因吾們的二三敵國，懼我嫉我，實過而出此者。因而吾們不得不出全力以相周旋，即同時有權將所有可能的方法，盡量使用。亦以有此項需要與此項權利，故對於荷蘭人之生活與其經濟狀態，自亦將發生影響。雖然如此，荷德兩種民族，既有血統關係，鄙人敢說荷人生活上所受影響之淺深，當以同舟共濟之所需，與敵國實施破壞伎倆之程度，若何為準焉。

鄙人以德國民政長官之地位，當維護德國在荷蘭被佔領區內的利益。此項利益，鄙人將維護之。荷蘭人民就德荷共同命運，盡其職責，則彼等即可保證其本國之自由與前途矣。

荷蘭既因戰事蒙受損失，而英人之昔以荷蘭的朋友，荷蘭的拯救人自居者，今則變本加厲，使荷人受害益甚。故有不少橋樑及交通線，已被英人炸毀。而此項炸毀方法，既無意義且無實效，惟有英人視為有效而已。此外尚有許多設備暨建築物，亦因戰事而受損也。

吾們現願幫助荷人，恢復損失。因此鄙人欲行使我領袖所賦予之職權，俾得從早恢復。

鄙人以德國民政長官之地位，首先要做的事，即係設立一戰後建設基金。

以上各端，為鄙人今日就職所欲告荷人者。吾人並不願意挾武力以來此，吾人但願為保護人與主動人，永為荷蘭人的朋友，顧有一點，即吾歐人當擔負一種艱鉅的責任。此即以國家榮譽與共同工作為原則，創造新歐洲是也。

吾德意志民族，愛吾們的大德意志國，準備為國犧牲一切，同時因欲創造新的與和平的歐洲，對吾德人所為之呼籲，吾們亦明瞭其深刻的意義。吾人鑒於此項責任之偉大，從將最可珍貴的大德意志國，作為孤注一擲，藉期建設新的與更美麗的歐洲，以此易彼，亦所不辭。

吾們德人，並無猶豫之處。吾人觀察既明，自信斯深，蓋吾人有領袖關心於吾們命運也。彼敵兵對於吾國齊格勿理特防線 Ligne Siegfried 所唱無聊的唱曲，吾德人決不效法。反之吾領袖命令一下，吾人必將敵人防線一律攻破。吾們知悉吾們領袖凡百設施之最後傾向，在對於懷善意的人們，使得到可以持久的和平，與合乎道德的秩序。吾德人於完成領袖及歷史的志願的使命，得以共同負荷，實為最高等榮譽也。

謹為領袖致敬」

民政長官之下，後有四委員如左：

一、Dr. Winner管理行政，及司法事宜。

二、Commandant de Brigade Rauter管理公安事宜。

三、Ministre Fishböck管理財政經濟事宜。

四、M. Schmindt管理特務事宜。

德軍之在荷蘭，絕無騷擾行為，予居民以良好現象。居民之對德軍，亦無仇視行動。荷方官廳，後能與德軍部推誠合作，故在荷方認為一種絕好現象。在德方亦以荷人對德態度忠實，故對荷方，力持寬大態度。因而雙方俘虜，同時釋回。荷軍大部分陸續解甲歸田，仍留一部份幫同荷警，維持秩序。又雙方軍官兵士，相遇於途，彼此行禮，以示互相敬重。崔心誇就職無多時，一面招雇荷蘭工人，往德工作；一面又資送荷蘭青年，赴德觀光。此種經濟上精神上的合作尤具有深長意義焉。

六月二十九日，為培納親王 Prince Bernhard 生日。海牙市長，先期通知市民勿懸旗。向例，凡遇女王、公主親王生日，及王室吉凶大事，宮中備有簽名簿三冊，便賀者弔者簽名，至是群往簽名。又以親王喜佩之白色小花 carnation 繫於衣襟。並於宮門前遍地鋪飾，以示慶祝。晨間雖人多尚無事。中午愈聚愈多，學生成群。既荷總司令 General Winkleman 亦到簽名。眾唱荷蘭國歌，有高呼恢復王室者。情緒緊張，荷警無法阻止。旋德警持機關鎗往彈壓，禁止簽名置花，並禁進宮。晚有德機數架，全城飛巡示威，幸未釀成慘劇。德方旋以簽名簿攜去，荷總司令免職，送往德國拘禁，總司令部裁撤軍官 Voorst tot Voorst，送往 Groningen 省，每日須到德司令部簽名三次，失卻一部分自由。海牙市長 Dr. de Monchy 亦免職。事後荷蘭某要人談及此事，言一國既被佔領，即不應有此舉動，因而予佔領者官廳以口實，俾得藉此採取更嚴厲手段，殊為可惜云。

七月六日駐荷德軍司令 Ohristainsen 將軍布告稱：

「吾領袖寬大為懷，對於投誠敵兵，不欲長期拘禁，祇須解除武裝便可恢復自由，此種偉大襟懷，徵諸往史，罕有倫比，不謂此一片善意，竟為一般所利用。荷蘭一般士兵，紀律廢弛，對於德國軍政長官，殊少致敬，蓋即肇因於此，而 Winkelman 將軍，近以不奉命令遂致撤職拘辦，亦其一例。

溯自荷蘭中立地位，經前政府自行破壞，而德國軍事行動勝利以後，其現狀如何，以及將來大勢所趨，無待蓍龜。然而據最近一般人表示，是大多數荷人，對此尚欠明瞭，且亦不欲明瞭，蓋可概見。如數日前英方飛機之活動，完全由於荷人暗中指示，此乃顯而易見之事，本司令將不惜採取任何辦法，務期查拿，按照德國頒行之戰時懲治奸細條例治罪，尤當愷切說明者，舉凡給予德國敵人以任何方式之便利，始無論供給消息，或他種方便，其遺害所及，勢必使荷蘭同胞自身之生命財產，遭受犧牲，自無疑義。

吾德軍駐紮斯土，唯一職責，乃在保衛疆土，維持治安，尊嚴榮譽，不容侵犯，乃近有一般荷人，昧於斯義，竟爾疏忽。茲鄭重聲明辦明為左：

一、凡已解除武裝而仍著軍服之荷蘭官兵，每遇德國軍官多不行敬禮者。
須知該官兵等，均由於我領袖過分體恤，不予拘禁，應如何自知檢束，免於咎戾。嗣後該官兵等，遇有德國軍政當局，不行敬禮或雖行敬禮，而態度疏忽者，本司令決不寬貸！凡軍人不重視行禮不但有違軍紀，而且非良好軍人。德國軍令，載有明文，不容忽視。

二、軍民等有損害德國軍隊或軍政人員，或對德國國旗黨徽有不敬表示者，均予嚴勵處置。

三、其有危害德國官兵者處死刑。

此外舉凡一切行動，有為前荷政府，或該政府內任何人員張目者，亦決不寬貸。」

自時厥後，德方態度，驟增強硬。管理統制，益見緊張。舉凡糧食汽油，暨其他必需物品，盡量搜括，而居民所需，則嚴加限制。工廠出品，亦須儘先供給德方。頒佈統制外匯條例令居民限期陳報外匯，及金銀硬貨，以便作價換發荷盾。其有違章不報，或所報虛偽者，分別處以監禁罰款。其外國無線電播音，並禁止收聽，違者懲處。其餘禁令，次第頒行。而特務警察密布偵邏。荷國朝野要人之行動暨其住宅，俱受嚴密監視。當戰事初起，荷蘭本國及其屬地居留德人，或遭軟禁，或被拘留。迨德軍佔領荷國，在荷諸德僑悉皆恢復自由。其在荷屬者則否。德因拘捕荷人數十人，以示報復。嗣則被捕人數逐漸加多，至上年歲杪乃有四千矣。此外以歷頓大學，與 Delft 之高工學校，以及他校學生，對於新頒布之待遇猶太籍人辦法，暨其他新章，表示反對，學校被封停課，學生亦有被捕者。

德軍既佔領海牙，駐荷中立國使節，以荷德開戰，及女王政府遷英各事，始終未准荷外部通知，故均仍照常留荷，無有隨往英國者。德方對待駐荷各使，固多禮貌，然頗多不便。各使不得與本國政府通密電，在感苦悶。各使中有代管交戰國使中有代管交戰國使館及其人民之利益者，尤其是駐荷美使，遇事向德方接洽，多所爭持，要為德方所不喜。初時各使以德方之態度未明，屬向探詢，未獲要領。既而德館首先裁撤，德外部派白奈為駐荷代表。六月初，德外部因向駐柏林各使節口頭聲明，謂德國已於荷蘭派有軍民長官，此後凡與荷蘭有關之政治或經濟事務，應由駐德使館，與德外部接洽。其屬地方領事性質事務，可由駐荷蘭使館，與派在荷蘭民政署之德外部代表 Bene 公使接洽云云。是月二十九日德外部後照全各館，譯文如左：

「德外部照開，挪威、荷蘭、比利時，及盧森堡，德已全境佔領。各該國法權，已入德手。且各該國前政府，業已逃離本國。其法律上之政府職務已不能行使。在此狀況下，各國派駐各該國前政府之外交代表已失其根據，如中國政府與各該國有關政治性質之事件，可由其在柏林之外交代表與德國外交部接洽。為此特請中國大使館，轉致其政府，將在奧斯麓、海牙、蒲魯賽爾、盧森堡，外交代表撤退，並至遲至七月十五日為止實行。再德政府暫允原在各該國及領土之領事代表仍留原處，事實上執行其固有之職務。此致中國大使館」

各國政府，有欲酌留館員於海牙者，亦有在荷已設領館，而仍欲改派使館人員為領館人員，或欲添設領館，而派館長若館員為領事者；德方均不許。七月十六日，各中立國使節，乃率同各該國全體館員，坐專車分別往柏林、伯諾。往伯諾者，占極大多數。白奈公使及荷外部祕書長，俱到車站送別云。

荷前總理柯冷博士 Dr. Hendrick Colijn，對於其本國的前途，發表意見著書印行。大致以為即使荷蘭的獨立，得以恢復，然其前途，無論從政治方面，或經濟方面著想，必將與德國國策發生息息相關的關係。就政治言假使大國如法國，猶當從民治政體，一變而為獨裁政體，則荷比等小國，豈能獨免。故柯氏主張，在現今王室 House of Orange Nassau 統治之下，組織一黨的政府。就經濟言，柯氏之意，以為荷德二國間必須有密切的合作，使德國經濟上之需要，得以滿足。彼又主張成立兩國貨幣的結合，在荷蘭本國及其屬地內，馬克荷盾，一樣通用。如是則德國可以自由購買原料，不遇困難。因推想德國願意荷國恢復獨立，蓋荷印豐富資源，為德人所屬意，亦惟有獨立的荷蘭，方能保持荷印，而以其資源供給德方也。柯氏之主張，大致如是。其前題，則在於恢復王室。因召集各黨領袖，加以討論，一致贊同，並成立九人委員會。推 Groningen 省省長 Dr. J. Linthorst Homan 為會長，仍與祕書長團合作。柯氏之所為，雖未經德方同意，然為德方所知悉。惟荷國國社黨與共產黨，柯氏並未邀同合作耳。

德國佔領荷蘭後之設施，與夫德荷雙方之態度與主張，有如上文所述。茲若更就半年間歐局趨勢及世界大勢以觀，則可撮要而焉。荷德戰事既告結束，越二星期，比亦降於德。德軍乃直攻法國西北海濱，聯軍大敗而退。德遂佔領海口數處以威脅英倫三島，轉戰而南，直趨巴黎。義又對英法宣戰，巴黎以六月十四日失守。越二日法政府改組求和。是月二十二日二十四日，先後對德義簽訂停戰條件。於是自挪威、荷、比、法團，以達於西班牙邊境之海岸線長經五千公里，盡入德軍手中。德軍渡海攻英之計畫固迄今猶未實現，而對英威脅則有增無減。自九月起，德空軍開始對英大規模轟炸，英空軍惟施報後，而不若敵軍之猛烈。其在東非、北非，英義交戰，初時義軍頗得手，近則英軍節節獲勝侵入義團屬地境內。十月杪義國突擊希臘，希臘努力抵抗，侵入Albania境。蓋德軍之迄未渡海，北非洲英軍之乘勝西驅，與夫希軍之進逼敵境，皆有賴於英國海軍之雄厚力量也。至於巴爾幹一隅，德國雖已事實上佔領羅馬尼亞，其是否出兵保加利亞以助義擊希，並以壓迫土耳其南侵巴力斯坦Palestine，以為非洲義軍之聲援則須視蘇聯態度以為斷。此次歐戰，蘇聯態度，固尚若即若離，欲保持其靜觀世變，舉足重輕之地位。而政治上，經濟上，則一再與德國訂約為之出力不少。德既佔領歐洲之一大部分糧食百品，隨地拾取。後得瑞典之鐵，羅馬尼亞之油以及蘇聯之數種原料。然則德國之持久力量，要亦未可忽視。反之英國得財富兵強資源充足之美國為之源源接濟，而美之助英態度，復日趨明顯。自九月二十七日德義日本三國訂約以還，美之願助英國，與其他民治國，其志益堅，其情益著。而其欲助中國之抗日也，亦漸多具體的表示。蓋我國抗禦寇軍三載有半，愈戰愈勇，百折不回。為己國生存與人道正義而奮鬥，真是使好意助我者，增加其勇氣也。

就目前歐戰局勢而觀，德之欲征服英倫三島，與英之欲驅退歐陸德軍，皆屬難以實現。然兩強相持，勢不並立，苟非至兩敗俱傷地步，則非一方戰勝，他方戰敗，即軍事難期結束。此若假定德國戰勝耶，則就德方現時的布置情形以觀，恐荷蘭將來或僅能擁有名義上之獨立。而德方根據血統關係文化合作途徑，使荷人斷趨德國化，則此後同文同軌，成為一家，亦非絕不可能矣。又若假定英國戰勝耶，則英國鑒於此次西歐戰事，比荷諸中立小國，不克以武力維護中立，致使德軍長驅直入，造成不可收拾的局面。德軍得此根據地，為英國之大患。他日戰事告終，荷比諸國固能恢復獨立，英國必將有切實有效的組織，使荷比北法諸地方，俱成為有效之屏障，此或亦應有之文章歟？

（八）荷屬東印度之地位與其前途

荷屬東印度，係集合瓜哇、蘇門答臘、婆羅洲、西來白、新幾厄亞諸大島，暨無數小島，屬荷政府統治。人口大千五百萬人，其半數居爪哇島，為荷印人煙最密之區。以人口論，荷屬東印度，在殖民地中，位居第一，此外南美洲荷屬幾阿那 Dutch Kuianal，即蘇利南 Surinam 與克里沙 Curacas，亦屬荷蘭，又稱荷屬西印度，依照一九二二年憲法規定，荷蘭屬地，為整個王國領土之一部分。

荷屬東印度資源異常豐富，一九三八年主要出口品為：

石油與石油副產物	五八八四〇〇〇密達噸
糖	一一九七〇〇〇
橡皮	三二〇〇〇〇
乾椰子肉	五六三〇〇〇
生錫	一九〇〇〇
熟錫	七〇〇〇
棕樹油palur oil	二二一〇〇〇

荷屬東印度供給全世界之原料，有規那皮即金雞納皮 Cinchona、木棉纖維 Kapok fibre、龍舌蘭（香料）Agave 三種。

荷屬東印度出口品，輸往荷蘭本國者，約百分之二十，新加坡百分之十六又六，美國百分之十三又六。錫之運往新加坡提鍊者尤多。

最近統計，一九三九年分荷印對外貿易，美國占百分之四十三，英十八，荷蘭本國十四，日本百分之四。

荷印島嶼棋布，握太平印度兩洋交通要道。雖就維持屬地秩序與治安言，當地陸軍固自有其重大使命。若就對外關係言，則海防最關重要焉。

荷國現有海軍總力量，共約八萬噸。其分配擔任荷印防務者，則計輕巡洋艦三隻為（一）De Ruyter 號排水量六四五〇噸，（二）Java 號六六七〇噸，（三）Tromp 號三三五〇噸，另有潛水艇十八隻及其他船隻。此外官軍力量，近年頗多增強，所購 Glen Martin 轟炸機尤多。祇以政治方面，太平洋風雲日趨緊張，戰略方面，徒有飛機、潛水艇而無雄厚海面力量，無以收巡弋策應之實效。於是醞釀年餘始於去年（一九四〇）二月間，決定添造戰鬥巡洋艦三艘，並擴大泗水軍港，欲藉以充實荷印海防。計畫粗定，而西歐之戰事已起矣。

按照此項造艦計畫，新艦三艘，以德國軍艦 Gneisenau 號為式樣，每隻排水量二七〇〇〇噸，裝設二八生里口徑大礮九門，速度三十三海哩。其性質既不類戰鬥艦，亦非重巡洋艦，實介乎二者之間，而兼有其長，至其對象，乃在於日本之 Nagato 號與 Mutu 號。此二號為日本兵艦中裝設完備，而式樣最新者。荷國新艦之速度與礮力，比之日方兩艦可占優勢。具新艦計畫而能全部實現，則此後荷方海軍總力量，可增一信矣。

荷印地勢之重要與資源之豐富既如彼，其現有海防力量之薄弱又如此，日人之所以窺伺於其旁，蓋不自今日始。平時日人恆藉經濟活動之名，深入腹地，勾結土人，盡量宣傳陰樹政治勢力。而日本高級海軍官員，往往化裝漁人，駕駛漁船，四處游弋，窺探要塞祕密測量，所在多有。日本《南洋雜誌》，刊行文字，又公然宣稱荷印乃日人南洋生命線。不擁有荷印，則無以保障日人在南太平洋地位之安全等語，其意安在，昭然若揭。

迨造艦之議起，而日人之野心益露。當此事在醞釀中，駐海牙日館，竭力游說荷政府要人，不謂荷方無此造船必要，即謂此種戰鬥巡洋艦，在現代實屬無用。及荷政府既有具體決定，日外相有田氏，乃聲明日對南洋祇求經濟合作，毫無領土野心。並表示願與荷政府，關於荷印地方，締結互不侵犯條約。同時荷政府亦發表聲明，略謂荷政府對於荷印地方實行門戶開放政策，數十年於茲，原則上歡迎外國資力以發展該處經濟。過去如是，將來不變。至於締結日荷互不侵犯條約一事，與荷國向來主張之獨立政策不符。於日方如欲締結此項條約，則應首先在行動上，切實表顯友好精神等語。及造艦案經第二院通過時，適日本政府訓令駐荷日使，照會荷政府，宣布廢棄日荷解紛條約焉。

迨挪威西歐之戰事作，而日人對荷印之猙獰面目，更暴露無遺矣！四月九日，德軍突然襲擊挪威，日本以為荷蘭之牽入漩渦，旦夕間事耳。其報章論調，謂荷蘭本國一旦有事，則荷印或將暫歸英國統治，或荷方請求美國出而保護，或荷政府遷至巴達維亞。既有此三項可能性，日本為保護其利益計，須為必要之處置，是月十八日日長有田發表聲明，稱日本於南洋地方，尤其是荷印，彼此相互供給需要，經濟上發生密切關係。又東亞其他各國，與南洋地方，亦有類似的經濟關係。故日本與東亞諸國，與該地方相互救濟，痛癢相關，以發展東亞之繁榮。假使戰事延及荷蘭，使荷印蒙受影響，則在經濟上、政治上，必將造成一種不快意之局面。因此，日本政府對於歐戰蔓延，有礙荷印現狀之發展，引為惶慮等語。越數日，荷政府答覆，謂荷蘭並未、亦不欲請求任何國相助，保護荷印。即任何國提議保護，或干涉者，荷國必加拒絕。同時美國務卿赫爾聲稱，兄不以和平方法，對於荷印內政有所干涉，或對其現狀，有所變更則不獨在荷印地方，並且在整個太平洋地方，均有礙於鞏固和平安全之維持，於是日本報紙認為赫爾此項聲明，不啻對於西太平洋之事，無端加以干涉。亦有謂於將世界重新分配則和平永不能實現者。

五月十日之變，荷印總督發表聲明，除稱荷印與本國一致德作戰，並助本國而外。並言荷印在國際上之政治地位，無所變更，荷印總督，當繼續統治，並保護荷印，亦不求助於外力云云。日外部發言人說，日本欲荷印維持現狀。次日外長召見英、美、德、義、法、荷諸使節重申四月十五日之聲言稱不問歐戰結果若何，日本決不容許荷印地位，有所變更。同時美國艦隊，集中於夏威夷軍港。此固與一般的遠東局勢有關繫，亦所以表明美國之不欲荷印現狀改變也。同時英大使告日外長，亦言英國同意維持現狀。及荷蘭本國既被佔領，日本為荷印問題，與德國交換意見。德政府以並未從事於該問題，答覆日政府。

日本之窺伺荷印也，政治、經濟、軍事、商戰諸端，均有其動機，而其欲獲到石油接濟，尤為其先務之急。緣日本每年產油量約四十萬噸，平時仰給輸入，在三百萬與四百萬噸之間。其中運自美國者，約百分之六十五，運自荷印者，百分之二十。比以美國之是否繼續接濟，已成疑問，故有賴於荷印更殷，即其覬覦荷印也亦益亟。日本侵略鄰邦，向來罔擇手段，無所不為，其慣伎則用分化方法。故其侵略我國東三省也，先使東三省逐漸脫離中央，至於分裂自立，而後已則任意吞噬。數年前之欲圖宰割華北也，亦同此法，今則以此加諸荷印矣。緣平時日方主張，關於荷印之事，當由自政府與荷印政府，直接交涉。海牙當局，堅持不允。及荷蘭被德軍佔領，荷政府為歐洲局勢所迫，不得已告日外部，此後駐日荷館，受荷印總督之指揮，日本乃乘機償其宿願特派大員，前往訪問。而去年冬，日軍以屢受我國重兵壓迫，自南寧，欽洲，潿洲島等處，相繼敗退後，集中於海南島，日夜加緊訓練。一方面既藉假道攻滇為名，駐兵越南，他方面復唆使暹羅與越南尋釁，其欲待時而動，以實現其南進政策，項莊舞劍，此其用意可知也。

然則荷印之前途，將如何耶？曰就目前局勢而論，美、日二國，均同意於維持荷印現狀。此次歐戰若英不戰敗，則日本於香港，馬來半島等處，未必遽有啟釁行為，亦即未必遽侵荷印。同時若使遠東得以暫保目前局面，則日本亦未必遽侵荷印。反之若太平洋無戰事，而日本海軍力量不消滅，則荷印亦決不入日本以外之國之乎。惟美國以經濟地勢關係，對於荷印重視異常。此則決非任何他國所有忽視者，總而言之，在目前形勢之下，荷印猶得於列強均勢，及日方不斷的威脅狀態之下，繼續維持其現狀，以待歐戰之發展與結束，與夫太平洋之是否捲入漩渦也。

編輯說明：

〈德荷戰事經過情形初稿〉一文為一九四一年時任中華民國駐荷蘭公使的金問泗，呈書當時的中華民國駐英國大使顧維鈞之內容。文中詳細記載了二次大戰時，德國攻打荷蘭之戰爭過程。原文為金問泗手寫稿，今重新打字、編排。

特別致謝中央研究院近代史研究所張力老師提供此珍貴史料，並協助內文確認。

金問泗事略年表

蔡登山　輯

時間	年齡	事件
一八九二年	一歲	四月二十七日，出生於浙江平湖一個詩書世家，小名連，號純孺。其父名兆蕃，號籛孫，別號藥夢，光緒己丑舉人，工詩文。
一九一〇年	十八歲	少年時期多居於平湖與上海。此年自上海復旦公學畢業，因其父時任北京政府財政部僉事，舉家遷往北京。之後就讀於天津北洋大學。
一九一五年	二十三歲	獲得天津北洋大學法學學士學位。
一九一六年	二十四歲	夏，參加北京政府首次舉辦外交官領事官考試，成績優異，以政務科學習員身分進入外交部。
一九一七年	二十五歲	派駐為駐美使館學習員，成為駐美公使顧維鈞的助手。同年，就讀紐約哥倫比亞大學，專修國際公法及外交學，師從國際法權威謨亞（John Bassett Moort，一八六〇－一九四七）教授。
一九一九年	二十七歲	一月初，赴法任中國出席巴黎和會代表團副祕書，並獲謨亞教授特許提早應考畢業，獲美國哥倫比亞大學法學碩士學位。

時間	年齡	事件
一九二〇年	二十八歲	冬，任職於駐英國使館之國際聯合會中國代表辦事處祕書及專門委員，隨駐英公使顧維鈞往返倫敦、日內瓦、巴黎出席國聯會議。
一九二一年	二十九歲	十一月，任中國出席華盛頓會議代表團祕書，隨全權代表顧維鈞由英赴美，襄辦關稅問題，並隨同出席該問題之關稅分委員會。
一九二二年	三十歲	二月，華盛頓會議閉幕，任職北洋政府財政部，專門研究關稅問題。不久，被調回外交部，任通商司權稅科科長，同時在關稅特別會議籌備處服務。
一九二四年	三十二歲	外交部暫設中俄會議會務處，處理債務議題，被任命為會務處辦事，其後在外交部擔任第一司司長。五月三日，與朱美芳（四川成都人）結婚，婚後在北京相繼生下長子金咸彬和次子金咸彰。
一九二五年	三十三歲	兼外交部議事處幫辦（處長錢泰）。
一九二六年	三十四歲	任外交部僉事，後改任詞訟科科長。
一九二七年	三十五歲	七月任上海特別市政府專任參議，襄辦外交事宜。
一九二八年	三十六歲	三月，任國民政府第一司司長。四月，任外交部駐江蘇交涉員。
一九二九年	三十七歲	二月，任駐荷蘭公使。（以母衰未即往就）。
一九三〇年	三十八歲	任農礦、實業二部參事。
一九三一年	三十九歲	擔任外交部代理常務次長，時顧維鈞接任外交部長。

時間	年齡	事件
一九三二年	四十歲	四月，工作於國際聯盟調查團中國代表處，並隨同李頓調查團至北平、瀋陽調查。九月，任中國出席國聯行政院副代表前往日內瓦，參加國際聯盟討論《李頓調查團報告書》（The Lytton Commission Report）會議。
一九三三年	四十一歲	五月，國府任為荷蘭公使。九月，向荷蘭女王威廉明娜（Queen Wilhelmina）呈遞國書。
一九三四年	四十二歲	九月，任國聯行政院玻利維亞巴拉圭事件委員會委員。
一九三六年	四十四歲	二月，回國述職。九月，回任荷蘭公使。
一九三七年	四十五歲	十一月，隨顧維鈞、郭泰祺、錢泰三代表出席比京「九國公約會議」
一九三八年	四十六歲	由日內瓦返回海牙，奉命與荷蘭政府商洽，請求禁止以軍械、飛機、石油、鋼鐵等物資授與日本。
一九三九年	四十七歲	七月，開始以英文撰寫〈中日危機之最近進展情形〉（The Latest Phase of the Sino-Japanese Crisis）報告日本侵略中國及損害歐美各國在東亞利益之情形，分送荷蘭政、商、學各界及輿論界，同時呈部備案。
一九四〇年	四十八歲	五月，德軍進犯荷蘭，女王威廉明娜逃往倫敦。七月，公使館停辦，奉命離荷暫居日內瓦。

時間	年齡	事件
一九四一年	四十九歲	五月，奉部令至倫敦執行駐荷使館館務，同月以駐荷全權公使兼代駐比利時大使館館務。八月，兼代駐捷克公使館館務。
一九四二年	五十歲	一月，兼代駐波蘭公使館館務。十月，任中國出席倫敦「太平洋軍事會議」代表（主席邱吉爾）。同年與荷蘭外交部議訂《中荷新約》。
一九四三年	五十一歲	二月，升任駐荷蘭全權大使。四月，卸去駐比大使職務。
一九四四年	五十二歲	八月，任中國出席戰罪問題委員會代表。九月，以駐荷蘭大使兼駐比利時大使、駐挪威大使、駐捷克大使。
一九四五年	五十三歲	專任駐比大使，仍暫兼駐挪威大使、駐捷克大使，並兼代駐波蘭公使館館務。八月，代表蔣主席接受比京自由大學贈予之榮譽博士學位。九月，奉召返渝述職。
一九四六年	五十四歲	四月，以駐比大使兼出席巴黎和會中國代表團副代表（團長王世杰）。九月，兼聯合國希臘邊境糾紛調查團中國代表團團長（副團長薛光前）。
一九四七年	五十五歲	一月，隨調查團由巴黎抵雅典，並至南斯拉夫、保加利亞、阿爾巴尼亞三國調查，至五月調查團在希臘工作告一段落。
一九四八年	五十六歲	八月，任聯合國貿易就業會議簽字國會議中國代表團首席代表。

時間	年齡	事件
一九四九年	五十七歲	一月，以駐比大使兼駐盧森堡公使。十月，國府與波蘭絕交，下令關閉使館。同月，免去駐挪威大使一職。
一九五二年	六十歲	比利時有意與中共建交，金問泗提請退休。
一九五五年	六十三歲	六月，准辭去駐比大使職務。
一九五九年	六十七歲	三月，准辭去駐盧森堡公使職務。退休後初居紐約，後移居華盛頓附近貝塞斯達（Bethesda）。
一九六八年	七十六歲	四月二十一日，心臟病突發，在華盛頓病逝。

「舊國聯如何受理我國對日本的聲訴」結論部分英譯稿

Concluding Remarks

In the last few years I wrote a series of articles in Chinese and in English which gave an account of the diplomatic relations between China and Japan in the past thirty or forty years. This is in substance a part of the history of the aggressions Japan had committed against China. Having finished writing them, I put to myself a question that is difficult of answering, i.e., whether there exists in future a possibility of the recurrence of such aggressions, or, in other words, whether Japan will stage a comeback in China. Meantime, I propose to raise three queries as follows.

(A) In the past the Japanese, believing in their own superiority, arrogated to themselves the sacred mission of the safeguarding of peace in East Asia. Is this still their way of thinking today?

(B) The territory of Japan being at present confined to her four main islands, she has to rely, in recent years, upon her prosperous trade and industries to maintain her internal existence and to achieve her external expansion. Can such achievement satisfy the aspirations of the Japanese to such a degree that they will no longer turn their thoughts toward territorial aggrandizement?

（C）In the past the Japanese looked upon Korea and South Manchuria as something for which they had sacrificed their lives, and described them as Japan's vested rights or her life-line. Do they still believe in that to-day?

Supposing there is a definite reply, positive or negative, to each one of these three points then a ready reply is found to the overall question which I have put forward straight at the outset. The matter, however, is by no means so simple. One query brings with it a number of other related problems. With regard to point（B）, for instance, there arise a host of problems relating to population, migration, markets, sources of materials, as well as the relation between the country in need of materials and the country supplying them, etc. In fact, answers to those questions may vary in accordance with changing times and unfolding situations. For instance, point（A） would present no problem at all, if i- the lapse of another ten or twenty years every country in East Asia becomes stable, strong and affluent, capable of preserving peace and order, soliciting no outside support, let alonetolerating the intervention of other countries, whilst normalrelations prevail between one country and another and among all countries in that region. I therefore confine myself to asking questions without taking the trouble of suggesting any answer to them.

II

With regard to the latest activities and development in Japan in the political and economic fields, let me single out two topics, with the request that those who are interested in Far Eastern problems will from time to time pay attention to them and make them a subject of study. They are first the re-emergence of Zaibatsu in Japan, and second the activities of the Sokagakkai and Komeito. Let me explain to you in the following paragraphs.

First：The Re-emergence of Zaibatsu in Japan

It was established by the Allied Powers that the prewar Zaibatsu, e.g., the Mitsui, Mitsubishi, and other similar giant enterprises in industry and banking in Japan were, like the Krupps during the two wars, responsible for having made aggressions possible by providing the militarists during the war with funds, weapons and war materials, etc. The Allies consequently decided that the big firms and concerns in question should be dissolved and that their managers and directors and others should be purged. The specifications for this purge were five in numder.

(1) Firms with a capital of 100,000,000 yen or more,
(2) Firms whose products commanded more than ten per cent of the (domestic) market,
(3) Enterprises engaged in the manufacture of war materials or other activities calculated to aid war and aggression,
(4) Enterprises that had taken part in the economic development of colonies and occupied territories, and
(5) Firms that were a force in the economic world irrespective of the amount of their capital.

The scope of the purge was so wide that a large number of persons and firms were to be affected. Although the occupation authorities made some slight concessions as a result of Japanese representations, the measure was on the whole implemented. Subsequently, in deference to further recommendations of the occupation authorities, the Diet passed a bill by which industrial monopolies and mergers were prohibited. At the same time, modelled on the Fair Trade Commission of the United States, a similar commission was created in Japan to enforce the new legislation. The Japanese industrialists, however, managed to get around the measure by professing to observe the law whilst actually working for its violation. The Allied headquarters soon began to slacken its vigilance over the enforement of the law, and so did the Japanese Fair Trade Commission too. Today the new Zaibatsu have unmistakably again appeared on the scene to dominate the economic and banking structure in Japan. Take the Mitsubishi Heavy Industries as an example. In 1964, with the approval of that commission, this company succeeded in effecting merger of two companies（that is, the Mitsubishi Nippon Heavy Industries, Ltd. and the Mitsubishi Shipbuilding and Engineering Co., Ltd.）. and became a big concern. Its capital and the percentage shares of its merchandise in the market[61] have all far exceeded the limits defined by the Allied headquarters during the occupation. In short, a new class of economic and financial giants has emerged in Japan. It is indeed a matter of worldwide admiration that Japan at present ranks first in shipbuilding and third in steel production, when hundreds of other

[61] As regards the share in the Japanese economy enjoyed by the Mitsubishi products in 1963-64, the percentages reported in the issue of the Washington Post, June 7, 1964, were checked and found to be inaccurate, but both the reported and actual figures were shown to be far in excess of the ten per cent limit specified by the occupation authorities in Japan.

enterprises at a booming stage, looking forward to a future of unbounded growth and expansion, but the point which should not escape our attention is, it appears whether all this economic power would not again in the future constitute a backstage support such as to enable an ambitious leader to stage some other international tragedy.

Second：The Activities of the Sokagakkai and Komeito

Sokagakkai（The Value Creating Academy）was founded thirty-six years ago. It preaches the teachings of Nichiren Daishonin, a highly revered Japanese monk in the thirteenth century. This sect claims to represent true Buddhism. It aspires to convert all mankind to its own faith. It suffered a setback during the war on account of its opposition to the militarists. After the war, however, the movement has achieved an alarmingly rapid growth. A household being taken as the unit of membership, the academy at present consists of same six million households, totaling approximately fourteen million persons, more than fourteen percent of the entire Japanese population. The members are enrolled largely from Japan's lower middle and lower classes, of whom some eighty percent are aged forty years or so.

Sokagakkai represents a blend of politics and religion. Although the movement is by no means purely religious in nature, the fervor and faith shown by its members borders on fanaticism. It is commonly believed that when a person once joins the academy, he will not only see his worries and sufferings vanish but will likewise find himself in enjoyment of happiness both in the material sense. The movement is well-organized and well-regimented. It meets adequately the requirements of a defeated nation in its struggle for resurgence and rehabilitation, in as much as the movement in its appeal to the masses lays stress on the traditional virtues of the Japanese people, thereby contributing to strengthen their morale and their confidence in the future.

On November 17, 1964, a new political party, Komeito was formed in Japan as the political arm of Sokagakkal. Its present membership is 200,000. It advocates what is termed as the Buddhist democracy. Its political platforms are, in internal matters, to clean up domestic politics and to create a welfare state and, in external matters, to carry out an independent foreign policy, including the recovery of Japan's lost territories, and to establish an internationl organization for the promotion of eternal world peace based on the doctrine of one-nation-on-earth （chikyu minzoku shugi）.

Though a new party, Komeito holds twenty seats in the 250-member Upper Chamber of the Diet. In the Lower Chamber of 486 members, that party, as a result of the election held on January 29, 1967, succeeded in having twenty-five candidates elected out of the number of thirty-two it had for the first time put up for seats in that chamber. Thus, Komeito can easily make its influence felt, since it has become the 3rd or 4th force in Japanese politics after the Liberal Democrats and Socialists. The party is also adequately represented in the Tokyo Metropolitan Assembly and other local legislative bodies. Rightist in strategy, Komeito strives to reach its leftist goals. Furthermore, since some contact has already been brought about between Komeito members and the Liberal Democrats, it appears likely that at some time in future the two parties might find it possible to collaborate with each other, in which case the impact on Japanese politics would doubtless be considerable.

This aggressive politico-religious movement has from the beginning given rise to criticisms from a section of public opinion at home and abroad. It is fascist in its approach, it appears, though a denunciation to that effect has been denied by the party. In the London Times of November 18, 1964, the day after Komeito's formation, a lengthy account was published stating among other things that

At the mement all is still potential, but few of the westerners who have been keeping an eye on the movement can resist a slight, perhaps irrational shudder at the thought of such a powerful ready made organization being used for other ends than those at present somewhat innocently set out.

In my opinion, we should from time to time exercise some vigilance over the growth and activities of Sokagakkai and Komeito irrespective of whether we might in doing so experience a shudder or whether the shudder is or is not rational.

III

What I have said above has all taken the form of inquiries, but now I would like to offer a few concrete ideas. Article 9 of the Japanese Constitution provides that Japan will never maintain armed forces. However, no sooner had the Korean war broken out in June 1950 than General Douglas MacArthur prevailed upon the Japanese to make preparations for self-defense. The new Japanese army is at present composed of two or three hundred thousand strong. It is held that nothing in the constitution should be construed as hampering the exercise of the right of self-defense, so much so that the United States at present feels rather irked by Japan's hesitation or reluctance to do her utmost in matters of defense, while the constitutional provision in question has been conveniently allowed to be a deadletter.

Generally speaking, there are at present in Japan two trends of attitude in regard to the questions of (1) constitutional amendment, (2) rearmament and (3) the United States-Japan security treaty. The leftists including Komeito oppose all three, while the Liberal Democrats, that is, the party who returns to power after the election, favor them. During the recent election campaingn, the Liberal Democrats have openly advocated that the mutual security treaty, upon its expiry in 1970, should be preserved as the basis of the Japanese defense system, in other words, the treaty should be extended and should continue to be in force. Komeito has of course advocated the phased elimination of the treaty, but the process of elimination is to be in parallel with the improvement of the international situation. To put it more plainly, Komeito is also in favor of the renewal of the treaty so long as the international situation has not taken a turn for the better. The two parties have therefore held practically similar views in the matter, whatever might be the apparent differences. Both have won the recent election and have even held out the prospect of cooperation, while the Liberal Democrats continue to be in power. As the duration of the security treaty will come to an end in three years, the authorities of the two countries will have to start negotiations for its renewal in the near future.

It is my belief that the present turmoil on the China mainland cannot but create an opportunity in favor of the ever ambitious Russians who will not fail to take advantage of it by extending their influence to our northern border provinces, in which case there would be posed the gravest threat to the Far East and Pacific region. Consequently, I would like to suggest that for the purpose of maintaining peace and security in that region, it should be considered a matter of urgent importance that Japan and the United States should seek to reinforce their cooperation in the military domain. Moreover, a bilateral arrangement, when and if successfully made, might, profiting by and in the light of the experiences gained in recent years in connection with the formation of NATO, stage by stage lead to the realization of a regional defense setup, so that a multilateral arrangement might, it is hoped, be entered into to include the Republic of China, Thailand, the Philippines and other countries, with a view to the joint defense of the region.

The world situation being as it is today, nothing but nuclear preparedness can serve to forestall aggression and ensure international peace and security. That Japan will become a nuclear power appears to be only a question of time» but she is not yet a nuclear power. It is therefore suggested that, in the process of treaty revision, attention should be concentrated on nuclear problems and that the discussions might be guided by the following principles. They are:

(I) The task of negotiation would be a relatively simple matter, if in the meantime the negotiations for a nuclear nonproliferation treaty should be successful and if Japan should become a party to it In that case, there could be included in the revised security treaty between Japan and the United States some new provisions based on the nonproliferation treaty, stipulating that (1) Japan will neither manufacture nor install any kind of nuclear weapon, (2) in the event of a nuclear threat against Japan, the United States agrees to aid her in her nuclear defense, for which purpose a separate treaty is to be negotiated between the two countries with a view to deterrence in peace time and cooperation in War time, and (3) the two countries should cooperate fully in the matter of utilization of nuclear energy for peaceful purposes and of the prevention of its abuse.

(II) In case the negotiations for a nuclear nonproliferation treaty should, at present or finally, fail to produce a treaty, the provisions (1), (2) and (3) mentioned in the above paragraph should nevertheless be embodied in the future security treaty between Japan and the United States, in the hope that a successful negotiation between the two countries would pave the way for the successful conclusion of the nuclear nonproliferation treaty itself.

(III) Under any circumstances, it should be the United States which is to exercise the right to use nuclear weapons, until the time when a multilateral security treaty is concluded, in which case that right is to be exercised jointly by the parties to the multilateral treaty.

While we have been watching attentively the succession of such present-day grave issues as the war in South Vietnam, the disturbances and terrorism of the Red Guards and the like, we are by no means indifferent to such other important problems as the future situation in the Far East and the Pacific, the relations between China and Japan and those between other countries, etc. I am therefore contributing this article for public criticisms. If there are propositions which correspond with realities more than mine, they would be most welcome to me. Trade a brick for a jade, so goes a Chinese saying.

Bethesda, March 3, 1967

血歷史164　PC0872

新銳文創
INDEPENDENT & UNIQUE

從巴黎和會到國聯：外交官金問泗回憶錄

原　　著	金問泗
主　　編	蔡登山
責任編輯	石書豪
圖文排版	詹羽彤
封面設計	王嵩賀

出版策劃	新銳文創
發 行 人	宋政坤
法律顧問	毛國樑　律師
製作發行	秀威資訊科技股份有限公司 114 台北市內湖區瑞光路76巷65號1樓 電話：+886-2-2796-3638　傳真：+886-2-2796-1377 服務信箱：service@showwe.com.tw http://www.showwe.com.tw
郵政劃撥	19563868　戶名：秀威資訊科技股份有限公司
展售門市	國家書店【松江門市】 104 台北市中山區松江路209號1樓 電話：+886-2-2518-0207　傳真：+886-2-2518-0778
網路訂購	秀威網路書店：https://store.showwe.tw 國家網路書店：https://www.govbooks.com.tw

出版日期	2019年12月　BOD一版
定　　價	340元

Printed in Taiwan

國家圖書館出版品預行編目

從巴黎和會到國聯：外交官金問泗回憶錄 / 金問泗原著；
蔡登山主編. -- 一版. -- 臺北市：新銳文創, 2019.12
面；　公分. -- (血歷史；164)
BOD版
ISBN 978-957-8924-79-6 (平裝)

1. 中華民國外交 2.外交史

642.1　　108019279

讀者回函卡

感謝您購買本書，為提升服務品質，請填妥以下資料，將讀者回函卡直接寄回或傳真本公司，收到您的寶貴意見後，我們會收藏記錄及檢討，謝謝！

如您需要了解本公司最新出版書目、購書優惠或企劃活動，歡迎您上網查詢或下載相關資料：http:// www.showwe.com.tw

您購買的書名：________________________________

出生日期：________年________月________日

學歷：□高中（含）以下　□大專　□研究所（含）以上

職業：□製造業　□金融業　□資訊業　□軍警　□傳播業　□自由業

□服務業　□公務員　□教職　□學生　□家管　□其它_____

購書地點：□網路書店　□實體書店　□書展　□郵購　□贈閱　□其他

您從何得知本書的消息？

□網路書店　□實體書店　□網路搜尋　□電子報　□書訊　□雜誌

□傳播媒體　□親友推薦　□網站推薦　□部落格　□其他__________

您對本書的評價：（請填代號　1.非常滿意　2.滿意　3.尚可　4.再改進）

封面設計____　版面編排____　內容____　文／譯筆____　價格____

讀完書後您覺得：

□很有收穫　□有收穫　□收穫不多　□沒收穫

對我們的建議：________________________________

____

____

____

請貼
郵票

11466
台北市內湖區瑞光路 76 巷 65 號 1 樓
秀威資訊科技股份有限公司 收
BOD 數位出版事業部

（請沿線對折寄回，謝謝！）

姓　　名：__________ 年齡：______ 性別：□女　□男

郵遞區號：□□□□□

地　　址：__________

聯絡電話：(日) __________ (夜) __________

E-mail：__________